홈페이지 이렇게 활용해보세요!

1 도서 자료실에서 학습자료 및 MP3 무료 다운로드!

❶ 도서 자료실 클릭
❷ 검색어 입력
❸ MP3, 정답과 해설, 부가자료 등
   첨부파일 다운로드

* 원하는 자료가 없는 경우 '요청하기' 클릭!

2 동영상 강의를 어디서나 쉽게! 외국어부터 바둑까지!

첫걸음, 왕의 귀환!
가장 쉬운 독학
일본어 첫걸음

300만 독자의 선택!
가장 쉬운 독학
중국어 첫걸음

왕초보에서 무법까지!
가장 쉬운
영어 첫걸음의 모든 것

바둑 초보자 필독서!
가장 쉬운 독학
이세돌 바둑 첫걸음

500만 독자가 선택한

가장 쉬운
독학 일본어 첫걸음
14,000원

가장 쉬운
독학 중국어 첫걸음
14,000원

가장 쉬운
독학 베트남어 첫걸음
15,000원

가장 쉬운
독학 스페인어 첫걸음
15,000원

가장 쉬운
독학 프랑스어 첫걸음
16,500원

가장 쉬운
독학 태국어 첫걸음
16,500원

가장 쉬운
프랑스어 첫걸음의 모든 것
17,000원

가장 쉬운
독일어 첫걸음의 모든 것
18,000원

가장 쉬운
스페인어 첫걸음의 모든 것
14,500원

첫걸음 베스트 1위!

동양북스
www.dongyangbooks.com
m.dongyangbooks.com

가장 쉬운 러시아어
첫걸음의 모든 것
16,000원

가장 쉬운 이탈리아어
첫걸음의 모든 것
17,500원

가장 쉬운 포르투갈어
첫걸음의 모든 것
18,000원

버전업! 가장 쉬운
베트남어 첫걸음
16,000원

가장 쉬운 터키어
첫걸음의 모든 것
16,500원

버전업! 가장 쉬운
아랍어 첫걸음
18,500원

가장 쉬운 인도네시아어
첫걸음의 모든 것
18,500원

버전업! 가장 쉬운
태국어 첫걸음
16,800원

가장 쉬운 영어
첫걸음의 모든 것
16,500원

버전업! 굿모닝
독학 일본어 첫걸음
14,500원

가장 쉬운 중국어
첫걸음의 모든 것
14,500원

가장 쉬운 독학
중국어 첫걸음

가장 쉬운 독학
일본어 첫걸음

오늘부터는 팟캐스트로 공부하자!

팟캐스트 무료 음성 강의

▶▶1
iOS 사용자

Podcast 앱에서
'동양북스' 검색

▶▶2
안드로이드 사용자

플레이스토어에서 '팟빵' 등
팟캐스트 앱 다운로드,
다운받은 앱에서
'동양북스' 검색

▶▶3
PC에서

팟빵(www.podbbang.com)에서
'동양북스' 검색
애플 iTunes 프로그램에서
'동양북스' 검색

◉ **현재 서비스 중인 강의 목록** (팟캐스트 강의는 수시로 업데이트 됩니다.)

- 가장 쉬운 독학 일본어 첫걸음
- 페이의 적재적소 중국어
- 가장 쉬운 독학 중국어 첫걸음
- 중국어 한글로 시작해
- 가장 쉬운 독학 베트남어 첫걸음

매일 매일 업데이트 되는 동양북스 SNS! 동양북스의 새로운 소식과 다양한 정보를 만나보세요.

중국어뱅크

北京大學

신**한어구어** 下

戴桂芙・刘立新・李海燕 편저

동양북스

중국어뱅크

신 한어구어 下

초판 인쇄 | 2018년 10월 5일
초판 발행 | 2018년 10월 10일

지은이 | 戴桂芙, 刘立新, 李海燕
발행인 | 김태웅
편집장 | 강석기
편 집 | 권민서, 정지선, 김효수, 김다정
디자인 | 방혜자, 김효정, 서진희
마케팅 총괄 | 나재승
마케팅 | 서재욱, 김귀찬, 오승수, 조경현, 양수아, 김성준
온라인 마케팅 | 김철영, 양윤모
제 작 | 현대순
총 무 | 김진영, 안서현, 최여진, 강아담
관 리 | 김훈희, 이국희, 김승훈

발행처 | (주)동양북스
등 록 | 제 2014-000055호(2014년 2월 7일)
주 소 | 서울시 마포구 동교로22길 12 (04030)
전 화 | (02)337-1737
팩 스 | (02)334-6624
http://www.dongyangbooks.com

ISBN 979-11-5768-435-9 14720
ISBN 979-11-5768-433-5 (세트)

이 도서의 국립중앙도서관 출판예정도서목록(CIP)은 서지정보유통지원시스템 홈페이지(http://seoji.nl.go.kr)와
국가자료공동목록시스템(http://www.nl.go.kr/kolisnet)에서 이용하실 수 있습니다.
(CIP제어번호:CIP2018029841)

책 머리에

최근 몇 년간 중국의 대외한어 교재는 출판 주기의 변화 속도와 출판물의 다양성 등에서 괄목할 만한 발전을 이루었다. 그에 따라 수량으로 독자의 수요를 맞추던 기존의 출판 시장에서 탈피하여, 콘텐츠의 내용과 수준으로 독자의 요구를 충족시키는 시대로 접어들었다. 수많은 교재가 출간된 이후 빛을 보지 못하고 사라져 가는 추세 속에서도 북경대학 대외한어교학중심의 일선 교사들이 집필하고, 북경대학 출판사에서 출간한 〈한어구어(汉语口语)〉 시리즈는 1996년 8월 초판이 출간된 이후, 시대와 시장의 검증을 거치며 중국어 회화 교재의 선두를 지켜왔다.

〈한어구어〉 시리즈는 총 6권으로 세상에 첫 선을 보인 이후 원 집필진의 참여하에 교학과 학습의 편의를 함께 고려하고, 학습자 위주의 실용성을 더욱 강화한 제3판 〈한어구어〉가 출간되었다.
〈한어구어〉 제3판은 다음에 중점을 두어 편찬되었다.
1. 본문 회화 및 예문의 내용을 시대에 맞게 수정하였다.
2. 핵심적인 본문 해설을 통해 회화 중심의 교학이 가능하도록 하였다.
3. 다양한 어휘를 통한 교체연습을 통해 실용성을 높였다.

〈한어구어〉를 접한 학습자들은 시대에 부합하는 콘텐츠, 객관적 시각, 자연스러운 언어 표현, 합리적인 단계 구성 등으로 대변되는 실용성과 교학적 우수성이 뛰어난 교재로 평가하고 있다. 〈한어구어〉 시리즈는 이처럼 실력과 창작 의욕을 겸비한 탄탄한 집필진들에 의해 충분한 준비 과정을 거쳐 체계적으로 만들어졌으며 현재 중국의 대표적인 회화 교재로 자리매김하여 많은 국가기관의 주 교재로 채택되고 있다.

시대가 발전하면서 교학 이념 역시 부단히 업그레이드되고 있다. 이 교재는 앞으로도 시대에 맞게 적절히 수정해 나갈 것이며, 더 많은 사람들이 이 교재를 통해 많은 도움을 얻고 짧은 시간 내에 큰 성과를 거둘 수 있기를 바란다.

북경대학교 대외한어교학중심 부원장

刘 元 满

차 례

01 我去图书馆借书。

02 今天天气怎么样?

03 什么时候放寒假?

04 请问，去动物园怎么走?

05 我喜欢又酸又甜的。

06 我想请你做我的辅导，好吗?

각 과의 주제와 학습 목표를 파악하고 학습 내용을 미리 살펴봅니다. 본문 학습에 mp3 파일을 충분히 활용하여 중국인의 정확하고 자연스러운 발음을 익히는 것이 좋습니다.

제목	주제	학습 목표	학습 내용
UNIT 01 我去图书馆借书。 나는 책을 빌리러 도서관에 가.	행위	장소를 묻고 답할 수 있다. 가정을 표현할 수 있다. 전환의 어기를 표현할 수 있다.	· 要是你现在有时间，就和我一起去吧。 · 不过，你可以在那儿自习。 · 我没有借到。 · 今天上午书就送到我宿舍了。 · 我问一下。
UNIT 02 今天天气怎么样? 오늘 날씨 어때?	날씨	날씨를 묻고 답할 수 있다. 정도를 다양하게 표현할 수 있다.	· 今天天气怎么样? · 不错。 · 王阿姨 · 听说你病了。 · 请告诉我妈妈。 · 让她放心。
UNIT 03 什么时候放寒假? 겨울 방학은 언제 하니?	시간	일정을 묻고 답할 수 있다. 경험을 표현할 수 있다. 시간의 양을 표현할 수 있다.	· 一月十五号。 · 开学的时候，老师说过……。 · 寒假有多长时间? · 这个学期你有几门课? · 你一个星期有多少节课?
UNIT 04 请问，去动物园怎么走? 실례합니다, 동물원에 가려면 어떻게 가나요?	위치	방향을 묻고 답할 수 있다. 강조의 어기를 표현할 수 있다.	· 先生，同学，大夫 · 请问，去动物园怎么走? · 马路左边就是。 · 走几分钟就到了。 · 太谢谢你了。
UNIT 05 我喜欢又酸又甜的。 나는 새콤달콤한 걸 좋아해.	음식, 맛	음식의 맛을 표현할 수 있다. 비교를 표현할 수 있다.	· 我喜欢又酸又甜的。 · 有糖醋鱼、西红柿炒鸡蛋什么的。 · 来个西红柿炒鸡蛋怎么样? · 再来个炒土豆丝。 · 这儿的菜比食堂的菜香多了。 · 吃不完的菜打包吧。

제목	주제	학습 목표	학습 내용
UNIT 06 我想请你做我的辅导，好吗? 너에게 과외 지도를 부탁하고 싶은데, 어때?	요청	요청할 수 있다. 사역 표현을 말할 수 있다. 상태나 정도를 묻고 답할 수 있다.	· 我想请你做我的辅导。 · 那不行。 · 这样吧。 · 辅导得怎么样? · 挺好的。
UNIT 07 我有点儿不舒服。 저는 몸이 좀 불편해요.	건강, 시험	건강 상태를 묘사할 수 있다. 동작의 시도를 표현할 수 있다. 심각한 정도를 표현할 수 있다.	· 有点儿과 一点儿 · 没关系。 · 没와 没有 · 好多了。
UNIT 08 我喜欢逛街。 나는 길거리 돌아다니는 걸 좋아해.	취미	취미를 묻고 대답할 수 있다. 다양하게 비교할 수 있다. 경험을 묻고 답할 수 있다.	· 做作业啦、听录音啦、复习旧课啦、预习新课啦……。 · 你真是个好学生。 · 差不多每个周末都打。 · 难学吗?
UNIT 09 我正在上书法课呢。 나는 서예 수업을 듣고 있었어.	동작	진행 중인 동작을 표현할 수 있다. 가까운 미래에 일어날 동작을 표현할 수 있다. 조건과 결과를 표현할 수 있다.	· 你是几点给我打的? · 八点我正在教室上课呢。 · 哪里 · 我怕学不会。 · 只要多看多写，就一定能学好。
UNIT 10 旅行回来了。 여행에서 돌아왔어.	여행	거리를 표현할 수 있다. 연속적인 동작을 표현할 수 있다. 동시에 진행하는 동작을 표현할 수 있다.	· 快到周末了。 · 我想先洗个澡，再去吃饭。 · 你不是正在喝汤吗? · 你以为吃中餐是先喝汤啊！ · 一边喝饮料一边吃凉菜。
UNIT 11 穿什么衣服合适? 어떤 옷을 입는 게 적당할까?	옷	의견을 묻고 답할 수 있다. 점층 관계를 표현할 수 있다.	· 出去得穿大衣。 · 不是衣服小，是你的个子太高了。 · 还是不合适。 · 算了。 · 等我长小了再来买吧。
UNIT 12 你家有什么人? 너희 집에는 어떤 식구가 있니?	가족	가족을 소개할 수 있다. 외모를 묘사할 수 있다.	· 要是 · 我妹妹在上中学。 · 那还用说！ · 全家 · 你们俩长得太像了。

구성과 활용

본 책

학습 목표

그림을 통해 해당 과에서 배울 내용을 통해 제시하였습니다. 그림과 인물들이 나누는 대화를 통해 어떤 내용이 있을지 유추해 봅시다.

주요 표현

본격적인 학습에 들어가기 전에 해당 과에서 꼭 알아두어야 할 주요 문장을 제시하였습니다. 녹음을 듣고 어조에 유의하여 속도를 점점 빠르게 하여 읽어봅시다.

본문 대화

현지 중국인들의 생생한 일상을 대화문으로 구성하였습니다. MP3를 듣고 따라 읽으며 자연스러운 중국어를 익힐 수 있습니다.

새 단어

본문에 나오는 새 단어를 정리했습니다. 본문을 보며 단어를 바로바로 확인하여 내용 이해를 도울 수 있습니다.

본문 해설

본문 대화 속 중요한 표현을 알기 쉽게 설명했습니다. 실용적인 예문을 통해 중국어의 어법과 관용구의 쓰임을 이해하고 익힐 수 있습니다.

Tip

더 알아두면 좋은 내용을 정리하여 추가적인 학습을 할 수 있습니다.

교체 연습

본문에 나오는 주요 문장을 다양한 어휘로 바꾸어 제시하였습니다. 반복적으로 연습함으로써 자연스럽게 문형을 익힐 수 있습니다.

플러스 문화 & 어휘

풍부한 사진과 설명을 통해 다양한 중국 문화를 이해할 수 있고, 플러스 어휘를 통해 추가적으로 어휘를 학습할 수 있습니다.

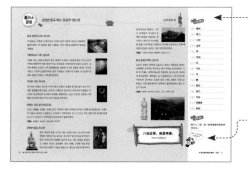

스스로 확인

본문에 나온 중요한 단어를 모아 제시하였습니다. 단어를 보고 뜻을 생각해 보며 스스로 실력을 점검할 수 있습니다.

유익한 한마디

속담이나 명언을 통해 한 과를 마무리합니다.

연습 문제

본 책에서 배운 내용을 新HSK 3급 듣기·독해·쓰기 형식의 문제로 제시하였습니다. 문제를 통해 학습한 내용을 복습하면서 新HSK 유형에도 익숙해질 수 있습니다.

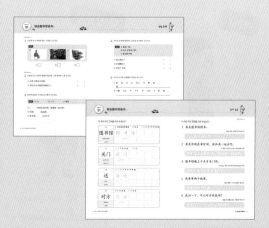

쓰기 연습

주요 단어와 주요 표현을 써볼 수 있게 하였습니다. 내용을 복습함과 동시에 중국어 간체자를 연습할 수 있습니다.

등장인물

제프

杰夫 Jiéfū

2반 훈남, 금발의 곱슬머리를 가진 유쾌한 성격의 20세 영국인 학생

애니

安妮 Ānnī

똑똑하고 활달한 성격의 미국인 여대생, 제프와 같은 반

피터

彼得 Bǐdé

1반 얼짱, 부드러운 외모와 달리 남자다운 성격의 25세 프랑스인 학생

리사

丽莎 Lìshā

애니의 룸메이트 독일인 학생, 여성스럽고 가녀린 문학소녀

박지영

朴志永 Piáo Zhìyǒng

3반 분위기 메이커, 붙임성 있고 인상 좋은 한국인 남학생

리원징

李文静 Lǐ Wénjìng

언제나 단발머리를 고수하는 발랄한 중국인 학생

야마다

山田 Shāntián

2반의 바른 생활 사나이, 등산을 좋아하는 일본인 학생

왕핑

王平 Wáng Píng

활동적이고 운동을 좋아하는 중국인 학생

류웨이

刘伟 Liú Wěi

조금 게으르지만 따뜻한 마음씨를 가진 중국인 학생

장신

张新 Zhāng Xīn

가지런한 묶음 머리를 팔랑거리는 중국인 학생

톈 선생님

田老师 Tián lǎoshī

부드러운 카리스마의 소유자, 2반 담임인 중국인 선생님

이 책의 주인공들을 소개합니다. 국적과 스타일은 다르지만 모두 외국인을 위한 중국어 수업 〈신한어구어〉 과정을 듣는 대학생입니다.

10

중국어뱅크
北京大学
신한어구어 下

我去图书馆借书。

나는 책을 빌리러 도서관에 가.

학습 목표

- ✔ 장소를 묻고 답할 수 있다.
- ✔ 가정을 표현할 수 있다.
- ✔ 전환의 어기를 표현할 수 있다.

1 발음과 억양에 유의하여 따라 읽어 봅시다. MP3 01-00

2 현지인의 일상 대화 속도로 따라 읽어 봅시다.

01 Wǒ qù túshūguǎn jiè shū.

我去图书馆借书。

02 Yàoshi nǐ xiànzài yǒu shíjiān,
jiù hé wǒ yìqǐ qù ba.

要是你现在有时间，就和我一起去吧。

03 Túshūguǎn wǎnshang shí diǎn cái
guānmén ne.

图书馆晚上十点才关门呢。

04 Wǒ yào jì liǎng ge kuàidì.

我要寄两个快递。

05 Wǒ wèn yíxià, kěyǐ duìfāng fù kuǎn ma?

我问一下，可以对方付款吗？

본문 대화

대화1 **애니가 교정에서 제프를 만난다.** MP3 01-01

애니　杰夫，你去哪儿？
　　　Jiéfū,　　nǐ qù nǎr?

제프　我去图书馆借书。
　　　Wǒ qù túshūguǎn jiè shū.

애니　我也想去借本英文书呢。
　　　Wǒ yě xiǎng qù jiè běn Yīngwén shū ne.

제프　要是你现在有时间，就和我一起去吧。
　　　Yàoshi nǐ xiànzài yǒu shíjiān, jiù hé wǒ yìqǐ qù ba.

애니　好啊！图书馆几点关门？
　　　Hǎo a!　Túshūguǎn jǐ diǎn guānmén?

제프　下午五点半以后就不能借书了，
　　　Xiàwǔ wǔ diǎn bàn yǐhòu jiù bù néng jiè shū le,

　　　不过，你可以在那儿自习，
　　　búguò,　nǐ kěyǐ zài nàr zìxí,

　　　图书馆晚上十点才关门呢。
　　　túshūguǎn wǎnshang shí diǎn cái guānmén ne.

★ 제프는 지금 어디를 갑니까?

새 단어

MP3 01-02　图书馆 túshūguǎn 명 도서관 | 借 jiè 동 빌리다 | 书 shū 명 책 | 本 běn 양 권 | 要是
yàoshi 접 만약, 만약 ~라면 | 和 hé 개접 ~와 | 关 guān 동 닫다 | 不过 búguò 접 그러나, 그런
데 | 自习 zìxí 동 자습하다

대화2 애니의 도서 구입

MP3 01-03

昨天我去图书馆想借一本英文书，可是没有借到。
Zuótiān wǒ qù túshūguǎn xiǎng jiè yì běn Yīngwén shū, kěshì méiyǒu jiè dào.

杰夫说要是我着急看，可以在网上买。
Jiéfū shuō yàoshi wǒ zháojí kàn, kěyǐ zài wǎng shang mǎi.

现在上网买东西很方便，价钱也很便宜。
Xiànzài shàngwǎng mǎi dōngxi hěn fāngbiàn, jiàqián yě hěn piányi.

昨天下午杰夫帮我在网上下了订单，
Zuótiān xiàwǔ Jiéfū bāng wǒ zài wǎng shang xià le dìngdān,

今天上午书就送到我宿舍了，真快！
jīntiān shàngwǔ shū jiù sòng dào wǒ sùshè le, zhēn kuài!

★ 애니는 책을 어떻게 샀습니까?

새 단어

MP3 01-04

着急 zháojí 휑 조급해하다 | 网 wǎng 뗑 그물, 인터넷 | 上网 shàngwǎng 동 인터넷을 하다
| 方便 fāngbiàn 휑 편리하다 | 价钱 jiàqián 뗑 가격, 값 | 帮 bāng 동 돕다 | 下(订单) xià
(dìngdān) 동 주문하다 | 订单 dìngdān 뗑 주문서 | 送 sòng 동 보내다 | 快 kuài 휑 빠르다

본문 대화

 대화 3 리사가 우체국에 왔다.

MP3 01-05

직원
您好！是您要寄快递吗？
Nín hǎo! Shì nín yào jì kuàidì ma?

리사
对，我要寄两个快递。
Duì,   wǒ yào jì liǎng ge kuàidì.

직원
寄到哪儿？
Jì dào nǎr?

리사
这本书寄到上海，这件衣服寄到西安。
Zhè běn shū jì dào Shànghǎi, zhè jiàn yīfu jì dào Xī'ān.

직원
您填一下快递单。
Nín tián yíxià kuàidìdān.

리사
好的。我问一下，可以对方付款吗？
Hǎo de. Wǒ wèn yíxià,   kěyǐ duìfāng fù kuǎn ma?

직원 当然可以。 两个都对方付款吗?
Dāngrán kěyǐ. Liǎng ge dōu duìfāng fù kuǎn ma?

리사 寄到上海的这个对方付款,
Jì dào Shànghǎi de zhège duìfāng fù kuǎn,

西安的这个现在付款。
Xī'ān de zhège xiànzài fù kuǎn.

填好了, 多少钱?
Tián hǎo le, duōshao qián?

직원 十二块钱。
Shí'èr kuài qián.

리사 给您十五块。
Gěi nín shíwǔ kuài.

직원 找您三块。
Zhǎo nín sān kuài.

★ 리사는 우체국에서 무엇을 하고 있습니까?

새 단어

(MP3) 01-06

寄 jì 图 부치다, 보내다 | 快递 kuàidì 图 특급 우편, 택배 | 上海 Shànghǎi 고유 상하이, 상해 |
西安 Xī'ān 고유 시안, 서안 | 填 tián 图 써 넣다, 기입하다 | 一下 yíxià 수량 좀 ~해 보다 | 快递
单 kuàidìdān 图 특급 우편서류, 택배 서류 | 对方 duìfāng 图 상대방 | 付款 fù kuǎn 돈을 지
불하다 | 找(钱) zhǎo(qián) 图 (돈을) 거스르다

본문 해설

1. 要是你现在有时间，就和我一起去吧。
만약 너 지금 시간 있으면, 나랑 같이 가자.

要是는 가정을 표현하는 접속사로, 부사 就와 함께 복문을 구성합니다. 앞쪽에는 가정을, 뒤쪽에는 그에 대한 결과를 씁니다.

> 예 要是你喜欢，就买吧。 만약 당신이 좋다면, 사세요.
> 要是便宜，我就买。 만약 싸다면, 나는 살 거야.
> 要是没有时间，我们就不去了。 만약 시간이 없다면, 우리는 가지 않겠다.

2. 不过，你可以在那儿自习。 그런데 너 그곳에서 자습할 수는 있어.

不过와 可是는 앞문장의 내용을 바꾸는 역할을 하는 접속사입니다. 일반적으로 不过는 일상 회화에서 많이 쓰이고 可是보다 가벼운 느낌을 줍니다. 또 不过는 설명을 보충하는 의미도 있어서 앞서 말한 내용을 제한하거나 수정하는 의미도 표현합니다.

> 예 那件衣服很漂亮，不过有点儿贵。 저 옷은 예쁘지만, 좀 비싸다.
> 他知道那件事，可是他没告诉我。
> 그는 그 일을 알고 있다. 그러나 그는 나에게 말해주지 않았다.

3. 我没有借到。 나는 빌리지 못했다.

到는 동사 뒤에 쓰여서, 동작의 결과가 나왔거나 목적에 다다랐음을 표현합니다. 이렇게 동사 뒤에 쓰여서 동작의 결과를 보충하는 말을 보어라고 하며, 동작이나 상태를 표현할 수 있는 동사나 형용사가 보어로 쓰입니다.

> 예 我收到了一件礼物。 나는 선물을 받았다.
> 他买到了那本书。 그는 그 책을 샀다.
> 我没听到手机响。 나는 휴대전화 벨 소리를 못 들었다.

이외에 到는 장소를 표현하는 말과 함께 쓰여서, 어떤 사람이나 사물이 어떤 동작을 한 결과 어떤 장소에 도달했음을 나타냅니다.

예 **送到我宿舍。** 우리 기숙사로 배달되었다.

他回到家就睡觉了。 그는 집에 돌아오자마자 잠을 잤다.

他来到这儿一个月了。 그는 이곳에 온 지 한 달이 되었다.

4. 今天上午书就送到我宿舍了。 오늘 오전에 책이 우리 기숙사로 배달되었다.

부사 就는 동사나 형용사 앞에 쓰여서, 짧은 시간 내에 어떤 일이 바로 이루어졌음을 표현합니다. 부사 才와는 반대로, 상황이 예상보다 빠르게 이루어졌음을 강조합니다.

예 **他很快就回来。** 그는 매우 빨리 돌아왔다.

我就去。 나는 바로 가겠다.

一会儿就好了。 조금 있으면 곧 좋아진다.

5. 我问一下。 좀 여쭤보겠습니다.

一下는 동사 뒤에 쓰여서 '한번 ~해 보다'는 시도의 뜻을 표현합니다.

예 **请你看一下。** 한번 보세요.

你收一下。 좀 받으세요.

你打一下他的手机。 그의 휴대전화로 전화 좀 한번 해 보세요.

예문을 보고 새로운 단어를 넣어 말해 봅시다.

◀MP3▶ 01-07

01 <u>你</u>和<u>我</u>一起<u>去图书馆吧</u>。

너 나랑 같이 도서관에 가자.

❶ 我　　　朋友　　　　吃饭

❷ 老师　　我们　　　　去旅行*

❸ 我　　　中国朋友　　看电视

旅行 lǚxíng 통 여행하다

◀MP3▶ 01-08

02 <u>那本书</u>我没有<u>借</u>到。

그 책을 나는 대출하지 못했다.

❶ 这件事　　　想

❷ 你的东西　　看

❸ 他说话　　　听

MP3 01-09

03 A 要是你现在有时间，就和我一起去吧。

B 好啊！

A: 만약 너 지금 시간 있으면, 나랑 같이 가자.
B: 좋아!

❶

不懂，问老师

❷

头疼，回房间休息

MP3 01-10

04 A 您填一下快递单。

B 好的。

A: 택배 서류를 기입해 주세요.
B: 네.

❶

尝，这个菜

❷

写，你的名字

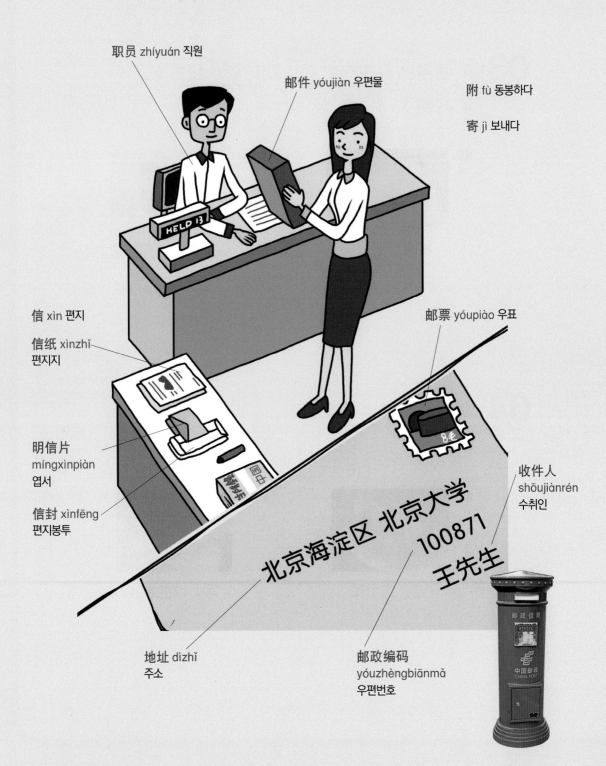

职员 zhíyuán 직원

邮件 yóujiàn 우편물

附 fù 동봉하다

寄 jì 보내다

信 xìn 편지

信纸 xìnzhǐ 편지지

邮票 yóupiào 우표

明信片 míngxìnpiàn 엽서

信封 xìnfēng 편지봉투

北京海淀区 北京大学 100871 王先生

收件人 shōujiànrén 수취인

地址 dìzhǐ 주소

邮政编码 yóuzhèngbiānmǎ 우편번호

words

邮局	yóujú	우체국
寄信人	jìxìnrén	발신인
邮递员	yóudìyuán	집배원
信箱	xìnxiāng	우편함
包裹	bāoguǒ	소포
快递	kuàidì	속달
速递	sùdì	택배
平信	píngxìn	일반 우편
电报	diànbào	전보
航空信	hángkōngxìn	항공 우편
海运邮件	hǎiyùn yóujiàn	해운 우편

 스스로 확인

- ☐☐ 图书馆 _____
- ☐☐ 借 _____
- ☐☐ 要是 _____
- ☐☐ 关 _____
- ☐☐ 不过 _____
- ☐☐ 自习 _____
- ☐☐ 着急 _____
- ☐☐ 上网 _____
- ☐☐ 方便 _____
- ☐☐ 价钱 _____
- ☐☐ 订单 _____
- ☐☐ 送 _____
- ☐☐ 寄快递 _____
- ☐☐ 填快递单 _____
- ☐☐ 对方付款 _____

함께 토론

请根据实际情况，介绍一下自己的购物方式，是网购还是去实体店购买。

물건 구매 방식을
소개해 봅시다!

雪中送炭。

다른 사람이 급할 때 도움을 주다.

今天天气怎么样?

오늘 날씨 어때?

학습 목표

✓ 날씨를 묻고 답할 수 있다.
✓ 정도를 다양하게 표현할 수 있다.

⭐1 발음과 억양에 유의하여 따라 읽어 봅시다.

MP3 02-00

⭐2 현지인의 일상 대화 속도로 따라 읽어 봅시다.

⭐1 ⭐2

01 Jīntiān tiānqì zěnmeyàng?

今天天气怎么样?

02 Yèlǐ xià le xiǎo yǔ.

夜里下了小雨。

03 Zhè liǎng ge jìjié tiānqì dōu búcuò.

这两个季节天气都不错。

04 Wǒ bú tài xíguàn zhèr de tiānqì.

我不太习惯这儿的天气。

05 Hái kěyǐ.

还可以。

본문 대화

 밖에서 돌아온 피터가 날씨를 이야기한다. 🎧MP3 02-01

제프 今天天气怎么样?
Jīntiān tiānqì zěnmeyàng?

피터 不错。
Búcuò.

제프 热吗?
Rè ma?

피터 不太热，夜里下了小雨。
Bú tài rè,   yèlǐ xià le xiǎo yǔ.

제프 有风吗?
Yǒu fēng ma?

피터 没有。
Méiyǒu.

★ 오늘 날씨는 어떻습니까?

🎧MP3 02-02　天气 tiānqì 몡 날씨 | 不错 búcuò 혱 맞다, 틀림없다, 괜찮다 | 热 rè 혱 덥다, 뜨겁다 | 夜里 yèlǐ 몡 밤(중) | 下 xià 동 내리다 | 小 xiǎo 혱 작다 | 雨 yǔ 몡 비 | 风 fēng 몡 바람

 대화2 **애니와 왕핑이 날씨에 대해 이야기한다.** MP3 02-03

애니
这儿的冬天冷不冷?
Zhèr de dōngtiān lěng bu lěng?

왕핑
很冷。
Hěn lěng.

애니
夏天怎么样?
Xiàtiān zěnmeyàng?

왕핑
特别热。
Tèbié rè.

애니
春天和秋天呢?
Chūntiān hé qiūtiān ne?

왕핑
这两个季节天气都不错。
Zhè liǎng ge jìjié tiānqì dōu búcuò.

★ 이곳의 겨울 날씨는 어떻습니까?

 새 단어

MP3 02-04

冬天 dōngtiān 명 겨울 | 冷 lěng 형 춥다 | 夏天 xiàtiān 명 여름 | 特别 tèbié 부 특히, 아주 형 특별하다 | 春天 chūntiān 명 봄 | 秋天 qiūtiān 명 가을 | 季节 jìjié 명 계절

대화3 왕 씨 아주머니가 리원징을 찾아왔다. ◀MP3▶ 02-05

리원징
王阿姨，您怎么来了？
Wáng āyí,　nín zěnme lái le?

왕 씨 아주머니
听说你病了，我来看看你。你怎么病了？
Tīngshuō nǐ bìng le, wǒ lái kànkan nǐ.　Nǐ zěnme bìng le?

리원징
我不太习惯这儿的天气，所以感冒了。
Wǒ bú tài xíguàn zhèr de tiānqì,　suǒyǐ gǎnmào le.

왕 씨 아주머니
现在身体怎么样？
Xiànzài shēntǐ zěnmeyàng?

리원징
已经好了。
Yǐjing hǎo le.

왕 씨 아주머니
最近学习忙不忙？
Zuìjìn xuéxí máng bu máng?

리원징
不太忙。
Bú tài máng.

왕 씨 아주머니
食堂的饭好吃吗？
Shítáng de fàn hǎochī ma?

리원징
还可以。
Hái kěyǐ.

★ 왕 씨 아주머니는 왜 리원징을 찾아왔습니까?

새 단어

◀MP3▶ 02-06

阿姨 āyí 몡 이모, 아주머니 | 听说 tīngshuō 통 듣는 바로는 ~이라 한다 | 身体 shēntǐ 몡 신체,
몸 | 已经 yǐjing 뮈 이미, 벌써 | 最近 zuìjìn 몡 최근, 요즈음 | 学习 xuéxí 몡통 학습(하다) | 忙
máng 혱 바쁘다 | 饭 fàn 몡 밥, 식사 | 还可以 hái kěyǐ 그런대로 괜찮다

대화 4 왕 씨 아주머니께

MP3 02-07

王阿姨，您来看我，我非常高兴。
Wáng āyí,　nín lái kàn wǒ,　wǒ fēicháng gāoxìng.

请告诉我妈妈，这儿冬天很冷，风非常大，
Qǐng gàosu wǒ māma, zhèr dōngtiān hěn lěng, fēng fēicháng dà,

我有点儿不习惯，所以感冒了，不过现在我已经好了。
wǒ yǒudiǎnr bù xíguàn,　suǒyǐ gǎnmào le,　búguò xiànzài wǒ yǐjing hǎo le.

我学习也不太忙，让她放心。
Wǒ xuéxí yě bú tài máng, ràng tā fàngxīn.

★ 리윈징은 왜 감기에 걸렸었습니까?

MP3 02-08
妈妈 māma 몡 엄마 | 让 ràng 통 ~하도록 시키다, ~하게 하다 | 放心 fàngxīn 통 마음을 놓다, 안심하다

본문 해설

1. 今天天气怎么样? 오늘 날씨 어때?

怎么样은 사물의 상황이나 성질 등을 물을 때 쓰는 표현으로, 형용사가 술어로 쓰이는 문장에서는 好不好로 표현할 수도 있습니다.

예 天气怎么样? = 天气好不好? 날씨는 어떤가요?

　身体怎么样? = 身体好不好? 몸은 좀 어떤가요?

　学习怎么样? 공부는 어떤가요?

　玩得怎么样? 재미있게 놀았나요?

2. 不错。비교적 좋아.

정도부사와 부정부사를 사용해 어떤 대상에 대한 좋고 나쁨의 정도를 표현할 수 있습니다. '아주'라는 뜻의 非常을 好와 결합하면 '매우 좋다'는 뜻을 표현할 수 있고, '아니다'라는 뜻의 不와 好를 결합하면 '좋지 않다'는 뜻을 표현할 수 있습니다. 이외에도 본문에서처럼 还可以를 써서 '나쁘지도 좋지도 않은 보통'의 정도를 표현할 수도 있습니다.

예 非常好 / 特别好 아주 좋다 / 특히 좋다

　　　很好 정말 좋다

　　　　不错 비교적 좋다

　　　　　还可以 그럭저럭이다

　　　　　　不太好 좋지 않다

　　　　　　　很不好 정말 안 좋다

3. 王阿姨 왕 씨 아주머니

상대방과의 관계를 표현하는 호칭이 있는데, 阿姨는 자신의 어머니와 연령대가 비슷하고 친척 관계가 아닌 아주머니를 부를 때 사용합니다. 본문에서처럼 호칭 앞에 성을 붙여 부르기도 합니다.

예 阿姨, 您好! 아주머니, 안녕하세요!

　李阿姨来了。이 씨 아주머니께서 오셨다.

4. 听说你病了。 듣자 하니 네가 병이 났다고 하던데.

听说의 원래 뜻은 '다른 사람이 하는 말[说]을 듣다[听]'는 뜻으로, 본문에서는 문장 앞에 쓰여서, 화제를 이끄는 역할을 합니다. 또 听과 说 중간에 말한 사람을 넣어 표현할 수도 있습니다.

⑩ **听说他妈妈来了。** 듣자 하니 그의 어머니가 오셨다고 한다.

听说这件衣服很流行。 듣자 하니 이 옷이 아주 유행이라고 한다.

听小王说明天又下雨。 샤오왕의 말을 듣자 하니, 내일 또 비가 온다고 한다.

문장에서 술어로도 쓰입니다.

听说过这个人吗? 그 사람에 대해 들은 적이 있습니까?

我已经听说了这件事。 나는 이미 이 일을 들은 적이 있습니다.

5. 请告诉我妈妈。 저희 엄마께 전해 주세요.

본문에서 我妈妈는 我的妈妈에서 的가 생략된 표현입니다. 이처럼 수식어와 중심어가 영속 관계에 있을 때는 的를 생략하여 표현하기도 합니다. 덧붙여 소유 관계에 있는 수식어와 중심어에는 的를 생략하지 않습니다. 따라서 我狗나 我书라고 말하지 않습니다.

⑩ **我哥哥** 나의 오빠　　**我们老师** 우리 선생님　　**你家** 너희 집

6. 让她放心。 그녀를 안심시키다.

동사 让은 '누구에게 무엇을 하도록 하다'는 표현에 주로 쓰이는 동사입니다. 이렇게 동작을 받는 대상과 내용을 동시에 표현해야 할 때는 동작과 내용을 순서대로 놓으면 됩니다.

⑩ **不好意思，让你久等了。** 미안해. 너를 오래 기다리게 했다.

老师让我发表。 선생님께서 나에게 발표를 시키셨다.

예문을 보고 새로운 단어를 넣어 말해 봅시다.

MP3 02-09

01 听说<u>你病了</u>，所以<u>我来看看你</u>。

듣자 하니 네가 병이 났다고 해서, 내가 너를 좀 보러 왔어.

❶ 明天是他的生日　　我要给他买一件礼物

❷ 北京的冬天很冷　　我要买一件大衣*

❸ 他喜欢喝咖啡　　我请他去咖啡馆*

大衣 dàyī 圐 외투 | 咖啡馆 kāfēiguǎn 圐 커피숍

MP3 02-10

02 你让她放心。

그녀를 안심하게 해 주세요.

❶ 老师　　我　　听写生词

❷ 安妮　　我　　回答这个问题

❸ 他　　我　　买那辆蓝色的自行车

MP3 02-11

03

A 这儿的冬天冷不冷?
B <u>很冷</u>。

A: 이곳의 겨울은 춥니?
B: 아주 추워.

❶

不冷

❷

非常冷

MP3 02-12

04

A <u>今天天气</u>怎么样?
B <u>不错</u>。

A: 오늘 날씨 어때?
B: 비교적 좋아.

❶

你身体，不太好

❷

你买的自行车，还可以

시 낭독하기, 강설

江雪 Jiāngxuě

柳宗元 Liú Zōngyuán

千山鸟飞绝,
Qiān shān niǎo fēi jué,

万径人踪灭。
wàn jìng rén zōng miè.

孤舟蓑笠翁,
Gū zhōu suō lì wēng,

独钓寒江雪。
dú diào hán jiāng xuě.

해석 눈 내리는 강

유종원

온 산에 날던 새들 사라지고,

모든 길엔 인적이 끊어졌네.

외딴 배에 도롱이 입고 삿갓 쓴 노인,

홀로 눈 내리는 추운 강에서 낚시하네.

단어 绝 jué 없다 | 径 jìng 길 | 踪 zōng 발자국, 자취 | 孤 gū 외롭다, 쓸쓸하다 | 蓑 suō 도롱이(예전에 비올 때 입던 옷) | 笠 lì 삿갓(예전에 비올 때 쓰던 모자) | 独 dú 혼자, 스스로

작품 해설

이 시는 당나라의 대표적인 산수시로, 유종원이 후난성에 좌천되었던 시기에 쓰여진 작품이다. 속세를 초월해 대자연에 은거한 노인에 자신을 빗대, 정치적 실의와 고독감을 극복하려는 심정을 노래한 작품이다. 청각적 심상과 시각적 심상이 잘 어우러져 있어 자연시의 대표작으로 손꼽힌다.

작가 소개

유종원(柳宗元 Liú Zōngyuán, 773-819)은 당(唐)나라 때의 관리이자 시인, 산문가, 철학가이다. 통틀어 6백여 편의 작품이 전해지는데, 시보다 산문에서 작품성을 더 크게 인정받아 당송팔대가의 한 명으로 꼽히고 있다. 대표작으로 〈계거(溪居)〉, 〈강설(江雪)〉, 〈어옹(漁翁)〉 등이 있다.

一帆风顺。

일이 순조롭게 진행되다.

스스로 확인

☐☐	不错	
☐☐	热	
☐☐	夜里	
☐☐	下雨	
☐☐	冷	
☐☐	冬天	
☐☐	特别	
☐☐	季节	
☐☐	听说	
☐☐	身体	
☐☐	已经	
☐☐	最近	
☐☐	忙	
☐☐	还可以	
☐☐	放心	

함께 토론

请说一说今天的天气情况。

오늘의 날씨에 대해 이야기해 봅시다.

什么时候放寒假?

겨울 방학은 언제 하니?

학습 목표

- 일정을 묻고 답할 수 있다.
- 경험을 표현할 수 있다.
- 시간의 양을 표현할 수 있다.

⭐**1** 발음과 억양에 유의하여 따라 읽어 봅시다.

⭐**2** 현지인의 일상 대화 속도로 따라 읽어 봅시다.

🎧 **MP3 03-00**

⭐1 ⭐2

01
Yī yuè shíwǔ hào fàng hánjià.

一月十五号放寒假。

02
Hánjià yǒu duō cháng shíjiān?

寒假有多长时间?

03
Zhège xuéqī nǐ yǒu jǐ mén kè?

这个学期你有几门课?

04
Měi ge xīngqī wǒmen dōu yǒu èrshí jié kè.

每个星期我们都有二十节课。

05
Wǒmen bān yǒu shíqī ge xuésheng.

我们班有十七个学生。

본문 대화

 제프와 애니가 학기 일정에 대해 이야기한다. ⬤MP3 03-01

제프 安妮，什么时候放寒假？
Ānnī, shénme shíhou fàng hánjià?

애니 一月十五号。
Yī yuè shíwǔ hào.

제프 期末考试是什么时候？
Qīmò kǎoshì shì shénme shíhou?

애니 开学的时候，老师说过，
Kāixué de shíhou, lǎoshī shuō guo,

好像是从一月八号到十四号。
hǎoxiàng shì cóng yī yuè bā hào dào shísì hào.

제프 圣诞节放假吗？
Shèngdàn Jié fàngjià ma?

애니 不放假。
Bú fàngjià.

제프 寒假有多长时间？
Hánjià yǒu duō cháng shíjiān?

애니 大概一个月。
Dàgài yí ge yuè.

★ 언제 겨울 방학을 합니까?

 새 단어

⬤MP3 03-02 时候 shíhou 명 시간, 동안, 때 | 放 fàng 통 (학교, 직장이) 파하다, 놀다, 쉬다 | 寒假 hánjià 명 겨울 방학 | 一月 yī yuè 1월 | 期末 qīmò 명 기말 | 考试 kǎoshì 명통 시험 (보다) | 开学 kāixué 명통 개학(하다) | 过 guo 조 ~한 적이 있다(경험) | 圣诞节 Shèngdàn Jié 고유 크리스마스 | 多 duō 대 얼마나 형 많다 | 长 cháng 형 길다 | 月 yuè 명 월, 개월

대화 2 피터와 애니가 수업 일정에 대해 이야기한다. MP3 03-03

피터
安妮，去上课吗？
Ānnī, qù shàngkè ma?

애니
对。
Duì.

피터
这个学期你有几门课？
Zhège xuéqī nǐ yǒu jǐ mén kè?

애니
三门。语法、口语和听力。你呢？
Sān mén. Yǔfǎ、 kǒuyǔ hé tīnglì. Nǐ ne?

피터
我有四门课。
Wǒ yǒu sì mén kè.

애니
你一个星期有多少节课？
Nǐ yí ge xīngqī yǒu duōshao jié kè?

피터
二十节。语法和口语每门八节，
Èrshí jié. Yǔfǎ hé kǒuyǔ měi mén bā jié,

还有两节听力课，两节汉字课。
hái yǒu liǎng jié tīnglìkè, liǎng jié Hànzìkè.

애니
今天你有几节课？
Jīntiān nǐ yǒu jǐ jié kè?

★ 애니는 이번 학기에 몇 과목의 수업이 있습니까?

피터
上午两节，下午两节，一共四节。
Shàngwǔ liǎng jié, xiàwǔ liǎng jié, yígòng sì jié.

새 단어

MP3 03-04

学期 xuéqī 명 학기 | 门 mén 양 가지, 과목 | 语法 yǔfǎ 명 문법 | 听力 tīnglì 명 듣기 | 节 jié
양 개(여러 개로 나누어진 것) | 每 měi 대 모든 | 汉字 Hànzì 고유 한자 | 下午 xiàwǔ 명 오후

본문 대화

 대화3 피터의 수업 일정

MP3 03-05

我在三班，安妮在二班。
Wǒ zài sān bān, Ānnī zài èr bān.

我有四门课，她有三门课。
Wǒ yǒu sì mén kè, tā yǒu sān mén kè.

每个星期我们都有二十节课。
Měi ge xīngqī wǒmen dōu yǒu èrshí jié kè.

我们班人太多，有十七个学生；
Wǒmen bān rén tài duō, yǒu shíqī ge xuésheng;

他们班人少，只有十二个。
tāmen bān rén shǎo, zhǐ yǒu shí'èr ge.

★ 피터의 반 학생은 모두 몇 명입니까?

 새 단어

MP3 03-06 太 tài 튀 매우 | 少 shǎo 형 적다 | 只 zhǐ 튀 단지

대화4 톈 선생님의 학기 일정 소개　　　　　　　　　　　MP3 03-07

一个学年有两个学期：
Yí ge xuénián yǒu liǎng ge xuéqī:

第一个学期从九月到第二年一月，一共有十九周；
Dì-yī ge xuéqī cóng jiǔ yuè dào dì-èr nián yī yuè, yígòng yǒu shíjiǔ zhōu;

第二个学期从二月到七月，一共有十八周。
Dì-èr ge xuéqī cóng èr yuè dào qī yuè, yígòng yǒu shíbā zhōu.

冬天放寒假，夏天放暑假。
Dōngtiān fàng hánjià, xiàtiān fàng shǔjià.

★ 1학기는 언제부터 언제까지입니까?

 새단어

MP3 03-08　　学年 xuénián 명 학년 | 第 dì 접두 제(순서) | 年 nián 명 연, 해 | 周 zhōu 명 주 | 暑假 shǔjià
명 여름 방학

본문 해설

1. 一月十五号。 1월 15일이야.

一月는 일 년 중 첫 번째 달인 1월을 가리키고, 一个月는 한 달, 즉 약 30일간의 시간을 뜻합니다.

2. 开学的时候，老师说过……。 개학할 때, 선생님께서 말씀하셨는데…….

조사 过는 동사의 뒤에 쓰여서 과거에 이미 어떤 일이 일어났었음을 표현합니다. 부정할 때는 동사 앞에 부정부사 没를 덧붙입니다.

예 我看过那本书。 나는 그 책을 본 적이 있다.
我去过上海。 나는 상하이에 간 적이 있다.
我没去过上海。 나는 상하이에 간 적이 없다.

3. 寒假有多长时间? 겨울 방학은 얼마 동안이야?

多는 '얼마나'라는 뜻으로 형용사와 함께 쓰여 정도나 수량을 물을 때 씁니다. 동사 有를 덧붙여 쓰기도 합니다.

예 从这儿到天安门(有)多远? 여기에서 천안문까지는 얼마나 멉니까?
你(有)多高? 당신은 (키가) 얼마나 큽니까?
这个房间(有)多大? 이 방은 얼마나 넓습니까?

4. 这个学期你有几门课? 이번 학기에 너는 몇 과목을 듣니?

门은 학문이나 기술 따위의 항목을 세는 단위로, 과목의 수를 셀 때도 쓰입니다. 본문에 쓰인 节는 여러 개로 나누어진 것을 세는 양사로, 수업 시간을 셀 때 쓰입니다.

예 **每个星期我们都有五门课。** 매주 나는 5과목의 수업이 있다.
每个星期我们都有二十节课。 매주 나는 20개의 수업이 있다.

여기서 每는 '각각의'라는 뜻으로, 우리말 표현 중 '매일, 매년, 매 학기, 매 학교' 등에 쓰이는 '매'와 비슷합니다.

5. 你一个星期有多少节课? 너는 1주일에 수업이 몇 시간이니?

'주'를 나타내는 표현에는 星期 외에도 周가 있습니다. 요일을 나타낼 때 星期 뒤에 수사 一, 二, 三, 四, 五, 六를 붙여 월요일에서 금요일을 나타내듯 周도 똑같이 사용합니다. 일요일은 周日/星期天이라고 합니다.

월요일	화요일	수요일	목요일	금요일	토요일	일요일
周一	周二	周三	周四	周五	周六	周日
星期一	星期二	星期三	星期四	星期五	星期六	星期天

기간을 나타낼 때도 星期와 周 앞에 수량을 넣어서 표현합니다. 다만 周를 사용할 때는 양사를 생략하여 표현합니다.

3주 　 三个星期 　 三周

예문을 보고 새로운 단어를 넣어 말해 봅시다.

MP3 03-09

01 <u>老师说</u>过<u>十四号考试</u>吗?

선생님께서 14일이 시험이라고 말씀하셨었지?

❶ 你吃　　烤鸭*

❷ 你去　　北京

❸ 你学　　书法*

烤鸭 kǎoyā 몡 오리구이 | 书法 shūfǎ 몡 서예

MP3 03-10

02 <u>一个学年</u>有<u>两个学期</u>。

한 학년은 두 학기가 있습니다.

❶ 一个学期　　两次考试

❷ 他们班　　十二个人

❸ 每天　　24小时

MP3 03-11

03 A 什么时候放寒假?

B 一月十五号。

A: 겨울 방학은 언제 하지?

B: 1월 15일이야.

❶

期末考试,十二月五号

❷

毕业*,二月十三号

毕业 bìyè 동 졸업하다

MP3 03-12

04 A 寒假有多长时间?

B 大概一个月。

A: 겨울 방학은 얼마 동안이야?

B: 대략 한 달 정도야.

❶

聊天儿聊了,一个小时

❷

学汉语学了,一年

중국 전지공예

중국 전지공예(剪纸 jiǎnzhǐ)는 칼과 가위로 종이를 오려 여러 가지 형상이나 글자를 만들어 판화 같은 효과를 주는 예술을 말한다. 유네스코 인류무형문화유산에 등재되어 있으며 중국의 다양한 민족이 즐기는 전통이자 일상생활과 밀접하게 관련된 대중 예술이다. 명절, 축제, 결혼 등의 목적에 따라 물고기, 나비, 글자 등 다양한 모양을 오려 거울이나 창문, 벽에 붙여 장식한다. 일반적으로 빨간색 종이를 사용하는데, 이는 악귀를 쫓아내고 복을 부른다는 의미가 있다.

 전지공예 만들기(1)

春 chūn은 새해를 맞아 한 해의 평안을 기원하는 의미가 있습니다.

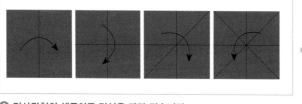

❶ 정사각형의 색종이를 점선을 따라 접습니다.

❷ 접어놓은 선을 따라 입체로 접습니다.

❸ 한쪽 삼각형으로 접은 종이 위에 春모양의 선을 그립니다

❹ 선을 따라 오립니다

❺ 접었던 부분을 펼쳐 벽에 붙이거나 완전히 펼쳐 천정에 매달아 장식합니다.

culture

☐☐ 时候
☐☐ 寒假
☐☐ 期末考试
☐☐ 开学
☐☐ 圣诞节
☐☐ 多长
☐☐ 学期
☐☐ 语法
☐☐ 听力
☐☐ 汉字
☐☐ 太
☐☐ 只
☐☐ 学年
☐☐ 周
☐☐ 暑假

전지공예 만들기(2)

❶ 직사각형 색종이를 4등 분 합니다.

❷ 점선을 따라 세로로 접습 니다.

❸ 세로로 접은 종이 위에 도안을 따라 선을 그려 오립니다.

❹ 접었던 부분을 펼쳐 벽에 붙여 장식합니다.

응용 작품

双喜 shuāngxǐ는 결혼을 축원하는 의미가 있습니다.

함께 토론

请结合实际情况，介绍一下这个学期你们班的课程安排。

이번 학기의 수업을 소개해 봅시다

刻舟求剑。

융통성 없이 낡은 것만 고집하다.

请问，去动物园怎么走？

실례합니다, 동물원에 가려면 어떻게 가나요?

학습 목표

- 방향을 묻고 답할 수 있다.
- 강조의 어기를 표현할 수 있다.

⭐❶ 발음과 억양에 유의하여 따라 읽어 봅시다. (MP3) 04-00

⭐❷ 현지인의 일상 대화 속도로 따라 읽어 봅시다.

❶ ❷

01 Qǐngwèn nǎr mài xié?

请问哪儿卖鞋?

02 Qǐngwèn, qù dòngwùyuán zěnme zǒu?

请问，去动物园怎么走?

03 Bù yuǎn, zǒu jǐ fēnzhōng jiù dào le.

不远，走几分钟就到了。

04 Wǒ yě bú tài qīngchu.

我也不太清楚。

05 Tài xièxie nǐ le.

太谢谢你了。

본문 대화

 대화1 피터가 백화점에서 상점의 위치를 묻는다.　　　　　MP3 04-01

피터
你好! 请问哪儿卖鞋?
Nǐ hǎo!　Qǐngwèn nǎr mài xié?

판매원
三楼，右边。
Sān lóu, yòubian.

피터
谢谢。
Xièxie.

판매원
不用谢。
Búyòng xiè.

★ 피터는 무엇을 하러 백화점에 갔습니까?

 새 단어

MP3 04-02　　卖 mài 통 팔다 | 鞋 xié 명 신발

대화2 애니가 길에서 동물원으로 가는 길을 묻는다. 🎧MP3 04-03

애니
先生，请问，去动物园怎么走？
Xiānsheng, qǐngwèn, qù dòngwùyuán zěnme zǒu?

행인
往前走，马路左边就是。
Wǎng qián zǒu, mǎlù zuǒbian jiù shì.

애니
远吗？
Yuǎn ma?

행인
不远，走几分钟就到了。
Bù yuǎn, zǒu jǐ fēnzhōng jiù dào le.

애니
谢谢您。
Xièxie nín.

행인
不客气。
Bú kèqi.

★ 동물원은 애니가 있는 곳에서 멉니까?

새 단어

🎧MP3 04-04 先生 xiānsheng 몡 선생님, ~씨 | 动物园 dòngwùyuán 몡 동물원 | 走 zǒu 동 걷다 | 往 wǎng 개 (방향) ~로 | 前 qián 몡 (장소·순서) 앞 | 马路 mǎlù 몡 대로, 큰길 | 左边 zuǒbian 몡 왼쪽 | 远 yuǎn 혱 멀다 | 分钟 fēnzhōng 몡 분 | 不客气 bú kèqi 천만에요, 별말씀을요

본문 대화

대화3 제프가 학교에서 치과의 위치를 묻는다.

MP3 04-05

제프
同学，请问牙科在哪儿？
Tóngxué, qǐngwèn yákē zài nǎr?

학생
我也不太清楚，好像在二楼，
Wǒ yě bú tài qīngchu, hǎoxiàng zài èr lóu,

你再问问别人吧。
nǐ zài wènwen biéren ba.

(제프가 2층으로 올라간다)

제프 大夫，请问牙科是在二楼吗?
Dàifu, qǐngwèn yákē shì zài èr lóu ma?

의사 是，往前走，再往右拐，
Shì, wǎng qián zǒu, zài wǎng yòu guǎi,

左边第二个门就是。
zuǒbian dì-èr ge mén jiù shì.

제프 太谢谢你了。
Tài xièxie nǐ le.

★ 치과는 몇 층에 있나요?

牙科는 병원의 치과 진료실을 가리킵니다. 이 밖에도 内科(내과), 外科(외과), 眼科(안과), 皮肤科(피부과) 등의 진료 과목이 있습니다.

새 단어

MP3 04-06 同学 tóngxué 명 동창, 학우, 동급생 | 牙科 yákē 명 치과 | 清楚 qīngchu 형 분명하다, 명확하다, 뚜렷하다 | 再 zài 부 재차, 다시 | 别人 biéren 명 남, 타인 | 大夫 dàifu 명 의사 | 右 yòu 명 오른쪽, 우측 | 拐 guǎi 동 방향을 바꾸다

본문 해설

1. 先生，同学，大夫 선생님, 급우, 의사선생님

先生은 일반적으로 남성 성인을 부르는 말로, 앞에 성을 붙여 말하기도 합니다. 同学는 학교 안에서 학생을 부르는 호칭으로, 同学 앞에는 일반적으로 성을 붙이지 않습니다. 또 大夫는 원래 '의사'라는 직업을 가진 사람을 부르는 말로, 역시 앞에 성을 붙여 부릅니다.

예 李先生，王先生 이 선생님, 왕 선생님

同学，请问，教学楼在哪儿? 학생, 말 좀 물을게요. 강의동이 어디에 있지요?

这位同学，那是你的书吗? 이봐 학생, 저것 당신 책이죠?

2. 请问，去动物园怎么走? 실례합니다, 동물원에 가려면 어떻게 가나요?

길을 물을 때 쓰는 표현입니다. 여기서 去와 走는 모두 '가다'라는 뜻으로 해석하는데, 去는 목적지로 가는 것(go to)에, 走는 걷는 동작(walk)에 더 초점이 맞추어진 동사입니다.
답할 때에는 '어느 쪽'이라는 뜻의 개사 往을 씁니다. 往 뒤에는 방향을 가리키는 방위사나 구체적인 목적지를 나타내는 장소명사 또는 지명이 올 수 있습니다.

3. 马路左边就是。 바로 길 왼쪽이에요.

就는 '상황이 바로 이러하다(다른 상황이 아니고)'라고 강조하여 말할 때 쓰는 부사입니다. 동사 바로 앞에 놓습니다.

예 A 你找王平吗? 너 왕핑을 찾고 있니?

B 我就是。 (응) 나야.(다른 사람이 아닌 내가 찾고 있다)

这个人就是他哥哥。 이 사람이 바로 그의 형입니다.
二班的教室就在这儿。 2반 교실이 바로 여기예요.

4. 走几分钟就到了。 몇 분만 걸어가면 바로 도착해요.

几는 적은 수량을 어림잡아 말할 때 사용합니다.

예 我买了几本书。 나는 책을 몇 권 샀다.

还有几个人没来。 아직 몇 명이 오지 않았다.

就는 앞서 나온 강조의 의미와 달리, 동사나 형용사 앞에 쓰여서 어떤 일이 장차 매우 짧은 시간 안에 발생할 것임을 나타냅니다. 특히 동작이 매우 빠르거나 시간이 이르다는 점을 강조합니다.

예 他很快就回来。 그는 아주 빨리 돌아왔다.

我就去。 내가 곧 갈게.

一会就好了。 조금 있으면 괜찮아질 거야.

5. 太谢谢你了。 정말 감사합니다.

太는 '지나치게, 몹시'라는 뜻의 부사입니다. 주로 뒤에 了가 나오는데 이때의 了는 감탄이나 과장의 어기를 강조하는 역할을 합니다. 따라서 '太＋형용사 / 동사＋了'는 정도가 매우 심함을 나타냅니다.

예 太好了！ 정말 잘됐다!

我最近太忙了！ 나는 요즘 매우 바빠!

太有意思了！ 정말 재미있구나!

교체 연습

 예문을 보고 새로운 단어를 넣어 말해 봅시다.

MP3 04-07

01 请问，去<u>动物园</u>怎么走?

실례합니다, 동물원에 가려면 어떻게 가나요?

❶ 留学生宿舍

❷ 书店*

❸ 图书馆

书店 shūdiàn 몡 서점

MP3 04-08

02 <u>走</u>几<u>分钟</u>就<u>到</u>了。

몇 분만 걸어가면 바로 도착해요.

❶ 看　　　分钟　　明白*

❷ 休息　　周　　　开学

❸ 坚持　　天　　　好

明白 míngbai 혱 분명해지다 | 坚持 jiānchí 동 유지하다, 지속하다

03 往<u>前</u>走，再往<u>右</u>拐。

앞으로 가다가, 다시 오른쪽으로 꺾으세요.

❶ 东*　　左

❷ 西*　　右

❸ 南*　　左

东 dōng 명 동쪽 | 西 xī 명 서쪽 | 南 nán 명 남쪽

MP3 04-10

04 太<u>谢谢你</u>了。

정말 감사합니다.

❶ 疼

❷ 好吃

❸ 便宜

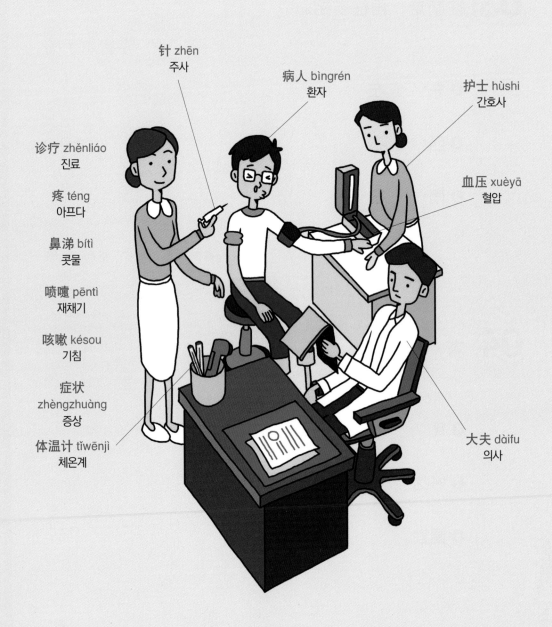

针 zhēn
주사

病人 bìngrén
환자

护士 hùshi
간호사

诊疗 zhěnliáo
진료

血压 xuèyā
혈압

疼 téng
아프다

鼻涕 bítì
콧물

喷嚏 pēntì
재채기

咳嗽 késou
기침

症状
zhèngzhuàng
증상

体温计 tǐwēnjì
체온계

大夫 dàifu
의사

words

感冒	gǎnmào	감기, 감기에 걸리다
看病	kànbìng	진찰받다 / 하다
药	yào	약
药店	yàodiàn	약국
处方	chǔfāng	처방
饭后	fàn hòu	식사 후
过敏	guòmǐn	알레르기 반응을 보이다
发冷	fālěng	오한이 나다
发烧	fāshāo	열이 나다
受伤	shòushāng	상처를 입다
X光	X guāng	엑스레이
石膏	shígāo	깁스
手术	shǒushù	수술
住院	zhùyuàn	입원하다
出院	chūyuàn	퇴원하다

请介绍一个地方：位置在哪，有什么东西，怎么走。

장소를 소개해 봅시다.

五十步笑百步。

오십보백보

스스로 확인 목록:
- 卖鞋
- 动物园
- 走
- 前
- 马路
- 远
- 分钟
- 不客气
- 同学
- 牙科
- 清楚
- 再
- 别人
- 大夫
- 往右拐

我喜欢又酸又甜的。

나는 새콤달콤한 걸 좋아해.

expressions

⭐ 발음과 억양에 유의하여 따라 읽어 봅시다.

MP3 05-00

⭐ 현지인의 일상 대화 속도로 따라 읽어 봅시다.

⭐ ⭐

01 Wǒ xǐhuan yòu suān yòu tián de.
我喜欢又酸又甜的。

02 Zhè shì càidān, chī diǎnr shénme?
这是菜单，吃点儿什么?

03 Wǒ yào ge yúxiāng-qiézi.
我要个鱼香茄子。

04 Yíhuìr nǐ chī le jiù zhīdào le.
一会儿你吃了就知道了。

05 Nǐmen chī bǎo le ma?
你们吃饱了吗?

대화1 제프, 애니, 리사가 식당에서 음식을 주문한다.(1) MP3 05-01

제프 你们喜欢吃什么菜?
Nǐmen xǐhuan chī shénme cài?

애니 我喜欢又酸又甜的。
Wǒ xǐhuan yòu suān yòu tián de.

제프 服务员! 点菜!
Fúwùyuán! Diǎn cài!

종업원 你们好! 这是菜单, 吃点儿什么?
Nǐmen hǎo! Zhè shì càidān, chī diǎnr shénme?

제프 又酸又甜的有什么菜?
Yòu suān yòu tián de yǒu shénme cài?

종업원 有糖醋鱼、西红柿炒鸡蛋什么的。
Yǒu tángcù-yú、xīhóngshì-chǎo-jīdàn shénmede.

애니　我不太喜欢吃鱼，来个西红柿炒鸡蛋怎么样?
　　　Wǒ bú tài xǐhuan chī yú, lái ge xīhóngshì–chǎo–jīdàn zěnmeyàng?

리사　好。我要个鱼香茄子。
　　　Hǎo. Wǒ yào ge yúxiāng-qiézi.

제프　鱼和茄子? 安妮说她不喜欢吃鱼。
　　　Yú hé qiézi? Ānnī shuō tā bù xǐhuan chī yú.

리사　你别担心，鱼香茄子里面没有鱼，
　　　Nǐ bié dānxīn, yúxiāng-qiézi lǐmian méiyǒu yú,

　　　"鱼香"只是一种味道。
　　　"yúxiāng" zhǐ shì yì zhǒng wèidào.

★ 종업원은 애니에게 어떤 요리를 추천했습니까?

'갈치조림'과 같이 요리명은 재료와 조리법으로 짓는데요, 중국 요리도 마찬가지입니다. 西红柿炒鸡蛋은 토마토[西红柿]를 주재료로 하여 달걀[鸡蛋]과 함께 볶아낸[炒] 요리입니다.

새 단어

MP3 05-02

又……又…… yòu……yòu…… ~하고도 ~하다 (동시 상황) | 服务员 fúwùyuán 명 (서비스업의) 종업원 | 点 diǎn 동 주문하다 | 菜单 càidān 명 메뉴 | 糖醋鱼 tángcù–yú 고유 탕수어(탕수 소스를 얹은 생선 요리) | 西红柿炒鸡蛋 xīhóngshì–chǎo–jīdàn 고유 토마토 달걀 볶음 | 鱼 yú 명 생선 | 鱼香茄子 yúxiāng–qiézi 고유 어향 소스 가지 볶음 | 茄子 qiézi 명 가지 | 别 bié 부 ~하지 마라 | 担心 dānxīn 동 걱정하다 | 味道 wèidào 명 맛

본문 대화

 대화2 제프, 애니, 리사가 식당에서 음식을 주문한다.(2) MP3 05-03

제프 是什么味道?
Shì shénme wèidào?

리사 我也说不清楚, 一会儿你吃了就知道了。
Wǒ yě shuō bu qīngchu, yíhuìr nǐ chī le jiù zhīdào le.

제프 好吧。 我点个肉菜, 来一个铁板牛肉,
Hǎo ba. Wǒ diǎn ge ròucài, lái yí ge tiěbǎn niúròu,

再来个炒土豆丝。 四个菜够不够?
zài lái ge chǎo-tǔdòu-sī. Sì ge cài gòu bu gòu?

애니 够了。
Gòu le.

제프 我们很饿, 快一点儿好吗?
Wǒmen hěn è, kuài yìdiǎnr hǎo ma?

종업원 好的, 马上就来。
Hǎo de, mǎshàng jiù lái.

★ 제프는 몇 개의 요리를 주문했습니까?

 새단어

MP3 05-04 肉 ròu 圏 고기 | 铁板牛肉 tiěbǎn-niúròu 교유 쇠고기 철판볶음 | 炒土豆丝 chǎo-tǔdòu-sī
교유 감자채 볶음 | 够 gòu 圏 충분하다, 넉넉하다 图 (정도·기준에) 이르다, 도달하다 | 饿 è 圏 배고프
다 | 快 kuài 圏 빠르다

대화3 제프, 애니, 리사가 식사를 마친다. ◉MP3◉ 05-05

애니 丽莎，这个饭馆的菜怎么样?
Lìshā, zhège fànguǎn de cài zěnmeyàng?

리사 这儿的菜比食堂的菜香多了。
Zhèr de cài bǐ shítáng de cài xiāng duō le.

제프 你们吃饱了吗?
Nǐmen chī bǎo le ma?

애니 太饱了。你多吃一点儿吧。
Tài bǎo le. Nǐ duō chī yìdiǎnr ba.

제프 我也饱了。吃不完的菜打包吧。
Wǒ yě bǎo le. Chī bu wán de cài dǎbāo ba.

服务员! 结账!
Fúwùyuán! Jiézhàng!

★ 리사는 이곳의 요리가 어떻다고 생각합니까?

 새 단어

◉MP3◉ 05-06　饭馆 fànguǎn 몡 음식점, 식당 | 比 bǐ 꽤 ~보다 | 香 xiāng 혱 향기롭다, (음식이) 맛있다 | 饱 bǎo 혱 배부르다 | 打包 dǎbāo 동 포장하다 | 结账 jiézhàng 동 장부를 결산하다, 계산하다

1. 我喜欢又酸又甜的。 나는 새콤달콤한 걸 좋아해.

又……又……는 병렬 관계의 접속사입니다. '~하기도 하고, ~하기도 하다'라는 뜻을 가지고 있는데, 두 가지 이상의 상황이나 속성이 동시에 드러남을 표현합니다.

예 她又会唱又会跳。 그녀는 노래도 할 줄 알고 춤도 출 줄 안다.

这个学生又聪明又努力。 이 학생은 똑똑하기도 하고 또 열심히 노력한다.

这孩子又白又胖。 이 아이는 (피부가) 희고 통통하다.

2. 有糖醋鱼、西红柿炒鸡蛋什么的。

탕수어, 토마토 달걀 볶음 등이 있어요.

什么的는 한국어의 '등등'과 같은 표현으로, 몇 가지 대상을 열거한 뒤에 쓰여서 아직 더 많은 대상이 남아 있음을 나타냅니다. 이 자리에 等等이 들어가도 의미는 같습니다.

예 打球、唱歌什么的，他都喜欢。

공 차기나 노래 부르기 등 그는 모두 좋아한다.

这儿的早饭很丰富，有包子、饺子、面包什么的。

이곳의 아침식사는 매우 풍성해서 바오즈, 교자만두, 빵 등이 있다.

3. 来个西红柿炒鸡蛋怎么样?

토마토 달걀 볶음을 시키는 게 어때?

이 문장에서 来는 '원하다, 주문하다, 시키다', 또는 '~를 주세요'라는 뜻입니다. 음식점에서 주문을 하거나 상점에서 식품 등을 살 때 자주 사용합니다.

예 来两瓶啤酒。 맥주 두 병 주세요.

来一斤苹果。 사과 한 근(500g) 주세요.

4. 再来个炒土豆丝。 감자채 볶음 더 주세요.

再는 '재차, 다시'라는 뜻의 부사로, 주로 미래에 반복될 동작에 쓰입니다.

ⓔ 再试一次吧。 다시 한 번 더 시도해 봅시다.

　再说一遍。 한 번 더 말해 주십시오.

5. 这儿的菜比食堂的菜香多了。

이곳의 요리가 (교내) 식당 요리보다 훨씬 맛있어.

比를 이용한 비교 구문은 'A 比 B + 형용사 성분'과 같은 형식으로 만듭니다. 부정 형식은 'A 没有 B + 형용사 성분'이며 부정사로는 不가 아닌 没(有)를 사용합니다.

ⓔ 小王比小张高。 샤오왕은 샤오장보다 (키가) 크다.

　小张没有小王高。 샤오장은 샤오왕보다 (키가) 크지 않다.

6. 吃不完的菜打包吧。 다 못 먹은 음식은 싸 가자.

吃不完은 가능보어의 부정형으로, '다 먹을 수 없다'는 뜻입니다. 긍정형은 吃得完입니다. 이 밖에도 다음과 같은 가능보어가 부정형으로 자주 쓰입니다.

ⓔ 听不懂 알아들을 수 없다(듣고도 이해하지 못한다)

　看不清楚 잘 보이지 않는다(보이지만 명확하지 않다)

　学不会 배웠지만 잘하지 못하다(배우기는 했지만 잘하지 못한다)

예문을 보고 새로운 단어를 넣어 말해 봅시다.

MP3 05-07

01 我喜欢又<u>酸</u>又<u>甜</u>的。

나는 새콤달콤한 걸 좋아해.

❶ 大　　　　甜

❷ 好吃　　　便宜

❸ 便宜　　　漂亮

MP3 05-08

02 <u>又酸又甜的</u>有<u>糖醋鱼、西红柿炒鸡蛋</u>什么的。

새콤달콤한 것에는 탕수어, 토마토 달걀 볶음 등이 있어요.

❶ 桌子上　　书、笔、词典

❷ 宿舍里　　桌子*、椅子*、床*

❸ 早饭　　　牛奶*、面包、鸡蛋

桌子 zhuōzi 명 탁자 | 椅子 yǐzi 명 의자 | 床 chuáng 명 침대 | 牛奶 niúnǎi 명 우유

MP3 05-09

03 <u>这儿的菜</u>比<u>食堂的菜</u> <u>好吃</u>。

이곳의 요리가 (교내) 식당 요리보다 맛있어.

❶ 今天　　昨天　　冷

❷ 饺子　　米饭　　好吃

❸ 写汉字　说汉语　难*

难 nán 웹 어렵다, 힘들다

MP3 05-10

04 <u>你</u>多<u>吃一点儿</u>吧。

너 좀 더 많이 먹어.

❶ 你　　　喝一点儿

❷ 咱们　　等一会儿

❸ 我　　　花了一百块钱

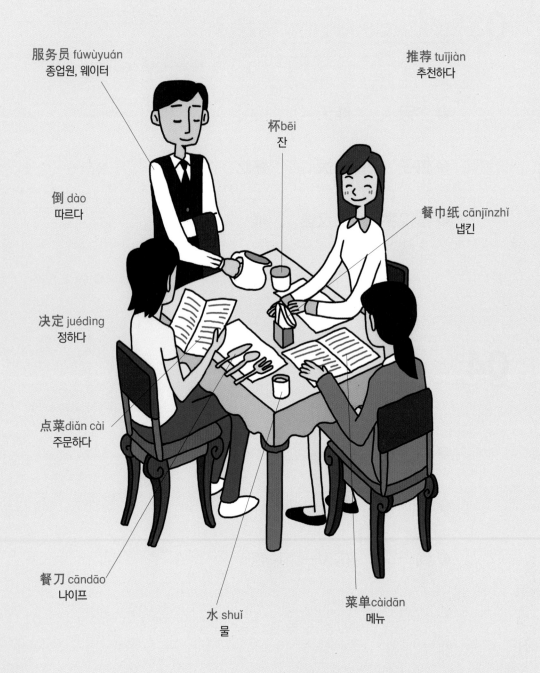

服务员 fúwùyuán
종업원, 웨이터

推荐 tuījiàn
추천하다

杯 bēi
잔

倒 dào
따르다

餐巾纸 cānjīnzhǐ
냅킨

决定 juédìng
정하다

点菜 diǎn cài
주문하다

餐刀 cāndāo
나이프

水 shuǐ
물

菜单 càidān
메뉴

words

预订	yùdìng	예약하다
取消	qǔxiāo	취소하다
续杯	xùbēi	리필
点心	diǎnxīn	디저트
账单	zhàngdān	계산서
结账	jiézhàng	계산하다
请客	qǐngkè	한턱내다
做客	zuòkè	손님이 되다, 방문하다
没胃口	méi wèikǒu	입맛이 없다
打包	dǎbāo	싸가다, 포장하다
AA制	AA zhì	각자 내기, 더치페이
西餐	xīcān	서양 요리
韩国菜	Hánguócài	한국 요리
中国菜	Zhōngguócài	중국 요리
法国菜	Fǎguócài	프랑스 요리

스스로 확인

- 服务员
- 点
- 菜单
- 别
- 担心
- 味道
- 够
- 饿
- 快
- 饭馆
- 比
- 香
- 饱
- 打包
- 结账

함께 토론

请说说你喜欢的菜。

좋아하는 음식에 대해 말해 봅시다.

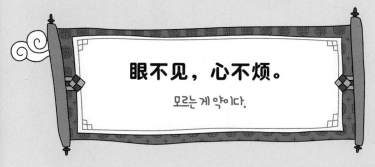

眼不见，心不烦。

모르는 게 약이다.

我想请你做我的辅导，好吗？

너에게 과외 지도를 부탁하고 싶은데, 어때?

expressions

★1 발음과 억양에 유의하여 따라 읽어 봅시다.　　　(MP3) 06-00

★2 현지인의 일상 대화 속도로 따라 읽어 봅시다.

★1 ★2

01 Nǐ zuìjìn máng ma?

你最近忙吗?

02 Wǒ xiǎng qǐng nǐ zuò wǒ de fǔdǎo, hǎo ma?

我想请你做我的辅导，好吗?

03 Yàoshi nǐ yǒu shíjiān,
jiù bāng wǒ liànxí Yīngyǔ kǒuyǔ.

要是你有时间，就帮我练习英语口语。

04 Zánmen hùxiāng xuéxí ba.

咱们互相学习吧。

05 Yídìng hěn yǒu yìsi.

一定很有意思。

대화1 애니와 왕핑이 과외 지도를 상의한다.

MP3 06-01

애니
你最近忙吗？
Nǐ zuìjìn máng ma?

왕핑
还可以。有什么事吗？
Hái kěyǐ.　　Yǒu shénme shì ma?

애니
我想请你做我的辅导，好吗？
Wǒ xiǎng qǐng nǐ zuò wǒ de fǔdǎo, hǎo ma?

왕핑
好啊！你想让我辅导什么？
Hǎo a!　　Nǐ xiǎng ràng wǒ fǔdǎo shénme?

애니
我想练习汉语口语。
Wǒ xiǎng liànxí Hànyǔ kǒuyǔ.

每星期辅导两次，每次一个小时，可以吗？
Měi xīngqī fǔdǎo liǎng cì, měi cì yí ge xiǎoshí,　　kěyǐ ma?

왕핑
没问题。
Méi wèntí.

★ 애니는 왕핑에게 어떤 과목의 과외 지도를 부탁했습니까?

 새 단어

MP3 06-02 　辅导 fǔdǎo 명동 과외지도(하다) | 练习 liànxí 명동 연습(하다) | 次 cì 양 번, 횟수 | 小时 xiǎoshí
명 시간

대화2 애니와 왕핑이 과외 시간을 상의한다. 　MP3 06-03

왕핑
什么时候辅导好？
Shénme shíhou fǔdǎo hǎo?

애니
星期一、四的下午五点到六点，怎么样？
Xīngqīyī、sì de xiàwǔ wǔ diǎn dào liù diǎn, 　 zěnmeyàng?

왕핑
星期一下午我有课，星期二行吗？
Xīngqīyī xiàwǔ wǒ yǒu kè, 　 xīngqī'èr xíng ma?

애니
行。一个小时多少钱？
Xíng. Yí ge xiǎoshí duōshao qián?

왕핑
我不要钱。
Wǒ bú yào qián.

애니
那不行。
Nà bù xíng.

왕핑
这样吧，要是你有时间，
Zhèyàng ba, yàoshi nǐ yǒu shíjiān,

就帮我练习英语口语，怎么样？
jiù bāng wǒ liànxí Yīngyǔ kǒuyǔ, zěnmeyàng?

애니
太好了，咱们互相学习吧。
Tài hǎo le, 　 zánmen hùxiāng xuéxí ba.

★ 애니와 왕핑은 매주 언제 과외를 하기로 했습니까?

 새 단어

MP3 06-04 　 行 xíng 형 좋다, 괜찮다, 충분하다 | 这样 zhèyàng 대 이렇다, 이와 같다, 이렇게 | 帮 bāng 동
돕다 | 互相 hùxiāng 부 서로

대화3 제프와 애니가 과외 수업에 대해 이야기한다. MP3 06-05

제프 安妮，刚才王平着急找你，你不在，手机也关了。
Ānnī, gāngcái Wáng Píng zháojí zhǎo nǐ, nǐ bú zài, shǒujī yě guān le.

애니 刚才我有课。他说有什么事？
Gāngcái wǒ yǒu kè. Tā shuō yǒu shénme shì?

제프 他说今天下午的辅导停一次，他要去见一个朋友。
Tā shuō jīntiān xiàwǔ de fǔdǎo tíng yí cì, tā yào qù jiàn yí ge péngyou.

애니 我知道了，谢谢你。
Wǒ zhīdào le, xièxie nǐ.

제프 **王平辅导得怎么样?**
Wáng Píng fǔdǎo de zěnmeyàng?

애니 **挺好的。**
Tǐng hǎo de.

제프 **你们辅导的时候聊什么?**
Nǐmen fǔdǎo de shíhou liáo shénme?

애니 **爱好、旅行、专业什么的。**
Àihào、 lǚxíng、 zhuānyè shénmede.

제프 **一定很有意思。下次我也参加,行吗?**
Yídìng hěn yǒu yìsi. Xià cì wǒ yě cānjiā, xíng ma?

애니 **行啊,欢迎,欢迎!**
Xíng a, huānyíng, huānyíng!

★ 애니와 왕핑은 과외 수업에서 어떤 내용을 이야기합니까?

새단어

MP3 06-06

找 zhǎo 동 찾다 | 手机 shǒujī 명 핸드폰 | 见 jiàn 동 보다, 만나다 | 得 de 조 구조조사 | 挺 tǐng 부 매우, 아주, 대단히 | 聊 liáo 동 한담하다, 잡담하다 | 爱好 àihào 명 취미 | 旅行 lǚxíng 명동 여행(하다) | 专业 zhuānyè 명 (대학) 전공, 전문 업무 | 一定 yídìng 부 반드시 형 일정하다 | 有意思 yǒu yìsi 재미있다 | 参加 cānjiā 동 참가하다

1. 我想请你做我的辅导。 나는 너에게 과외 지도를 부탁하고 싶어.

사역동사 请, 让, 叫 등의 목적어는 뒷절의 주어가 되어 다시 술어를 가집니다. 이처럼 두 개의 문장 성분을 겸하는 것을 '겸어'라 하고, 이런 문장을 '겸어문'이라고 합니다.

예 妈妈不让我去旅行。 엄마는 내가 여행을 가지 못하게 하셨다.

谁叫你这样做? 누가 당신에게 이렇게 하라고 했어요?

2. 那不行。 그건 안 되지.

대명사 那는 문장의 맨 앞에 쓰여 바로 앞에 나온 내용을 가리킵니다. 대명사는 앞에 나온 대상 하나를 가리키기도 하지만, 이렇게 전체 문장이나 상황을 가리키기도 합니다.

예 A 周末我们一起去长城吧。 주말에 우리 함께 만리장성에 가자.

B 那太好了! 그거 정말 좋다!

또 경우에 따라서는 那么와 같이 앞과 뒤의 문장을 연결하는 역할을 하기도 합니다. 즉, 앞 문장에서 언급된 의미나 상황 등에 따라 뒷 문장이 결정되거나 결과가 도출되었음을 나타냅니다. 앞 문장은 상대방이 한 말일 수도 있고, 자신이 제기한 가설이나 전제일 수도 있습니다.

예 你要是不喜欢，那就别买了。 네가 싫다면 사지 마.

A 我都准备好了。 나는 준비가 다 됐어.

B 那咱们走吧。 그럼 우리 가자.

3. 这样吧。 이렇게 하자.

회화에서 자주 사용되는 표현으로, 앞의 상황에 따라 결정을 내릴 때 쓰이는 표현입니다.

> A 他愿不愿意和我们一起去旅行呢? 그는 우리와 함께 여행 가길 원할까?
> B 这样吧, 我打个电话问问他。 (그럼) 이렇게 하자, 내가 전화해서 그에게 물어볼게.

> A 外面下雨, 我不想出去看电影。 밖에 비 오니까 영화 보러 나가기 싫어.
> B 这样吧, 我们在家看DVD吧。 이렇게 하자, 우리 집에서 DVD 보자.

4. 辅导得怎么样? 과외 지도하는 게 어때?

구조조사 得는 동사나 형용사 뒤에 쓰여, 술어의 정도가 어떠한지를 나타내는 보어를 연결하는 역할을 합니다. 기본 형식은 '동 / 형 + 得 + 보어'입니다.

> 说得很好 말하는 게 아주 좋다(말을 잘한다)
> 听得不太清楚 듣는 게 명확하지 않다(잘 듣지 못한다)
> 来得太早了 온 게 너무 이르다(너무 일찍 왔다)

5. 挺好的。 아주 좋아.

부사 挺은 '매우, 아주, 대단히'라는 뜻으로 회화에서 많이 쓰는데, 뒤에 的를 붙이는 경우가 많습니다.

> 这件衣服挺漂亮的。 이 옷 참 예쁘다.
> 老师说得挺清楚的。 선생님은 매우 정확하게 말씀하신다.
> 这些菜挺好吃的。 이 음식들은 아주 맛있다.

예문을 보고 새로운 단어를 넣어 말해 봅시다.

MP3 06-07

01 我想<u>请你做我的辅导</u>。

나는 너에게 과외 지도를 부탁하고 싶어.

❶ 让她帮我练习口语

❷ 请你告诉她这件事

❸ 让他回宿舍休息休息

MP3 06-08

02 每<u>星期</u> <u>辅导两次</u>。

매주 두 번 과외 수업하자.

❶ 年　　　旅行两个月

❷ 小时　　三十块钱

❸ 件衣服　卖二百块钱

MP3 06-09

03 什么时候辅导好?

언제 과외 수업하는 게 좋아?

❶ 去哪儿玩儿

❷ 哪个饭馆的菜

❸ 这件事找谁帮忙*

帮忙 bāngmáng 图 돕다

MP3 06-10

04 王平辅导得怎么样?

왕핑은 과외 지도하는 게 어때?

❶ 她的汉字　　写

❷ 她　　　　　做饭做

❸ 他　　　　　回答

플러스 문화

오천 년 중국 역사, 하상주~한나라

중국 역사의 시작, 하나라

하 왕조는 기원전 21세기부터 470여 년간 지금의 하남성 일대에서 활동하였다. 하 왕조를 세운 우(禹)는 여러 씨족을 통합하여 왕조를 세웠다.

기록역사의 시작, 상나라

상[商, 또는 은(殷)] 왕조의 탕은 걸왕의 하 왕조가 혼란에 빠진 사이 부근의 부락을 병합하여 하를 멸망시키고 상 왕조를 수립하였다(기원전 16세기). 상나라 때에는 농업이 크게 발달했는데, 상왕은 농사의 길흉을 점치는 의식을 치렀고, 이것이 갑골문이라는 문자 기록물로 전해지게 되었다. 또 농업과 연관된 천문과 역법도 크게 발전하였다.

국가의 시작, 주나라

주나라의 무왕은 상나라 마지막 왕인 주왕의 잔혹한 통치를 빌미 삼아 주나라를 정벌했으며(기원전 10세기), 이때부터 본격적인 서주시대가 열렸다. 주나라는 봉건제도를 실시하여 왕권을 강화하였고, 농업, 수공업, 상업을 크게 발달시켜 본격적인 국가로서의 면모를 갖추었다.

전쟁의 시대, 춘추전국시대

오(吳), 월(越), 초(硝), 진(秦) 등의 이민족이 황허 유역을 차지하기 위해 몰려들었는데, 이때부터 이들은 중국의 구성원으로 인식되기 시작하였다. 또 이 시기는 무른 청동기를 대신해 철제 농기구가 유입되기 시작하면서 농업경제가 발달하였다.

> **키워드** 오월동주, 와신상담, 합종연횡책, 제자백가

강력한 왕권, 진나라

진(秦)나라는 중국 최초의 통일 국가를 세웠다. 춘추전국시대 변방의 야만국가로 불리던 진나라는 법가사상을 받아들이면서 나라로서의 체계를 갖추게 되고, 결국 중원을 통일하고 강력한 국가로 성장했다. 문자, 화폐, 도량형 등을 통일하여 중앙집권의 기틀을 잡았으며, 흉노의 침입에 대비하여

만리장성을 쌓았다. 그러나 10여 년이 지나면서 강력한 왕권을 비판하는 학자들이 나타나자 분서갱유를 통해 사상가들을 억압하고, 무리한 토목공사로 인해 백성들의 반란이 일어나, 결국 망하게 되었다.

키워드 진시황, 만리장성, 병마용갱, 아방궁, China

중국 문화의 뿌리, 한나라

고조인 유방은 장안을 도읍으로 정하고 제후들을 봉하는 군현제를 실시하는 방식으로 중국 대륙을 통일하였다. 이후 한 무제는 서역의 흉노를 토벌하고 실크로드를 개척하여 동서교역을 확대하는 등 국내외적으로 크게 안정기를 이루었다. 한나라는 유교를 정치, 사회, 문화의 기반으로 하였고, 이를 통해 중국의 정체성이 결정되었다고 해도 과언이 아니다.

키워드 중의학, 종이 발명, 실크로드, 〈사기〉, 황건적, 조조

八仙过海，各显神通。

저마다의 방법을 쓰다.

- ☐☐ 辅导 _____
- ☐☐ 练习 _____
- ☐☐ 小时 _____
- ☐☐ 这样 _____
- ☐☐ 帮 _____
- ☐☐ 互相 _____
- ☐☐ 找 _____
- ☐☐ 手机 _____
- ☐☐ 见 _____
- ☐☐ 聊 _____
- ☐☐ 爱好 _____
- ☐☐ 旅行 _____
- ☐☐ 专业 _____
- ☐☐ 有意思 _____
- ☐☐ 参加 _____

함께 토론

两个人一组，请一起商量辅导的时间和方法。

스터디 시간과 방법을 상의해 봅시다.

我有点儿不舒服。

저는 몸이 좀 불편해요.

학습 목표

✔ 건강 상태를 묘사할 수 있다.
✔ 동작의 시도를 표현할 수 있다.
✔ 심각한 정도를 표현할 수 있다.

⭐ **1** 발음과 억양에 유의하여 따라 읽어 봅시다.

MP3 07-00

⭐ **2** 현지인의 일상 대화 속도로 따라 읽어 봅시다.

⭐1 ⭐2

01
Wǒ yǒudiǎnr bù shūfu.

我有点儿不舒服。

02
Wǒ tóu téng de lìhai, hǎoxiàng fāshāo le.

我头疼得厉害，好像发烧了。

03
Nǐ huíqù hǎohāor xiūxi xiūxi.

你回去好好儿休息休息。

04
Wǒ péi nǐ chūqù sànsan bù.

我陪你出去散散步。

05
Kǎo de bú tài hǎo.

考得不太好。

대화1 장신이 쉬는 시간에 선생님께 조퇴를 요청한다.　　　　　　MP3 07-01

장신　老师，我有点儿不舒服，想回房间休息一下儿，
　　　Lǎoshī, wǒ yǒudiǎnr bù shūfu, xiǎng huí fángjiān xiūxi yíxiàr,

　　　可以吗?
　　　kěyǐ ma?

선생님　怎么了? 哪儿不舒服?
　　　Zěnme le? Nǎr bù shūfu?

장신　我头疼得厉害，好像发烧了。
　　　Wǒ tóu téng de lìhai, hǎoxiàng fāshāo le.

선생님　好吧，你回去好好儿休息休息，多喝点儿水，
　　　Hǎo ba, nǐ huíqù hǎohāor xiūxi xiūxi, duō hē diǎnr shuǐ,

　　　要是发烧了，就去医院看看大夫。
　　　yàoshi fāshāo le, jiù qù yīyuàn kànkan dàifu.

장신　谢谢老师。
　　　Xièxie lǎoshī.

★ 장신은 선생님에게 왜 조퇴를 요청했습니까?

MP3 07-02　**새 단어**

舒服 shūfu 형 (육체나 정신이) 편안하다, 안락하다 | 一下儿 yíxiàr 수량 한번 (~해 보다) 부 잠시, 잠깐 | 厉害 lìhai 형 사납다, 대단하다, 심하다 | 发烧 fāshāo 동 열이 나다 | 回去 huíqù 동 돌아 가다 | 好好儿 hǎohāor 부 잘, 충분히, 마음껏

대화 2 야마다와 애니가 시험에 대해 이야기한다.

야마다
安妮，你们考试了吗？
Ānnī, nǐmen kǎoshì le ma?

애니
上星期五就考完了。
Shàng xīngqīwǔ jiù kǎo wán le.

야마다
考得怎么样？
Kǎo de zěnmeyàng?

애니
考得不太好。
Kǎo de bú tài hǎo.

考试前我有点儿不舒服，没好好儿准备。
Kǎoshì qián wǒ yǒudiǎnr bù shūfu, méi hǎohāor zhǔnbèi.

야마다
没关系。下次再努力！
Méi guānxi. Xià cì zài nǔlì!

★ 애니는 왜 시험을 잘 보지 못했습니까?

 새 단어

MP3 07-04

上 shàng 명 (일부 명사 앞에 쓰여 시간이나 순서에서) 앞의, 지난(번) | 考 kǎo 통 시험 치다, 테스트하다 | 准备 zhǔnbèi 통 준비하다 | 没关系 méi guānxi 상관없다 | 努力 nǔlì 통 노력하다, 힘쓰다

대화3 리원징이 장신을 문병한다.

MP3 07-05

리원징 张新，听说你不舒服，好点儿了吗？
Zhāng Xīn, tīngshuō nǐ bù shūfu, hǎo diǎnr le ma?

장신 谢谢你的关心，现在好多了。
Xièxie nǐ de guānxīn, xiànzài hǎo duō le.

리원징 今天天气好极了，我陪你出去散散步，
Jīntiān tiānqì hǎo jí le, wǒ péi nǐ chūqù sànsan bù,

怎么样？
zěnmeyàng?

장신 对不起，我不能去。
Duìbuqǐ, wǒ bù néng qù.

等一会儿有个朋友要来看我。
Děng yíhuìr yǒu ge péngyou yào lái kàn wǒ.

리원징 是谁这么关心你啊？是男朋友吧？
Shì shéi zhème guānxīn nǐ a? Shì nán péngyou ba?

장신 不是，别开玩笑。
Bú shì, bié kāi wánxiào.

리원징 那我先走了，改天再来看你。
Nà wǒ xiān zǒu le, gǎitiān zài lái kàn nǐ.

장신 我不送你了，慢走！
Wǒ bú sòng nǐ le, mànzǒu!

★ 리원징은 왜 장신을 찾아왔습니까?

慢은 '느리다'는 뜻이고, 走는 '걷다, 가다'는 뜻이지만, 함께 쓰면 손님을 배웅할 때 손님이 안전히 돌아가길 바라는 마음을 담아 건네는 인사말입니다. '조심히 들어가세요.' '안녕히 가세요' 등으로 이해하면 됩니다.

MP3 07-06

关心 guānxīn 통 관심을 갖다 | ……极(了) ……jí(le) 부 극히, 매우, 아주, 몹시 | 陪 péi 통 모시다, 동반하다, 수행하다 | 出去 chūqù 통 (밖으로) 나가다 | 散步 sànbù 통 산책하다 | 等 děng 통 기다리다 | 这么 zhème 대 이러한, 이와 같은, 이렇게 | 男 nán 명 남자, 남성 | 呀 ya 조 어기조사 | 那 nà 접 그러면, 그렇다면 | 先 xiān 부 먼저, 우선 명 앞, 처음 | 改天 gǎitiān 명 후일, 다른 날 | 送 sòng 통 보내다, 배웅하다, 선사하다 | 慢走 mànzǒu 통 안녕히 가세요

1. 有点儿 과 一点儿 조금 vs 약간

有点儿은 형용사나 동사 앞에 쓰여서 '약간, 조금'이라는 의미를 나타냅니다. 주로 마음에 들지 않거나 만족스럽지 않을 때 사용합니다.

> 예 **我有点儿累。** 나 조금 피곤해.
>
> **衣服有点儿长。** 옷이 조금 깁니다.

一点儿은 '조금, 약간'이라는 뜻으로, 동사 뒤에 쓰여서 단순히 수량이 적음을 나타내거나 어감을 완화시킵니다. 一点儿이 형용사 뒤에 쓰이면 비교의 의미를 나타냅니다. 또 一点儿은 동사나 형용사 앞에는 위치할 수 없다는 점에 주의해야 합니다.

> 예 **我只买了一点儿。** 나는 조금만 샀어.
>
> **吃(一)点儿什么？** 뭘 좀 먹을까?
>
> **今天比昨天热一点儿。** 오늘은 어제보다 조금 더 덥습니다.
>
> **我要长一点儿的(衣服)。** 나는 좀 더 긴 것(옷)으로 주세요.
>
> (×) 一点儿喜欢 / 一点儿高兴

2. 没关系。 괜찮아, 별일 아니야.

상대방의 사과에 대한 대답으로 예의상 자주 쓰는 말입니다.

> 예 A **对不起！** 죄송합니다!
>
> B **没关系。** 괜찮습니다.

상대를 위로하거나 어떤 일이 그다지 심각하지 않을 때도 사용합니다.

> 예 A **我把钥匙忘在房间里了。**
>
> 내가 열쇠를 깜빡하고 방 안에 두고 나왔어.
>
> B **没关系，找服务员帮你开门就行了。**
>
> 괜찮아, 종업원을 찾아 문을 열어 달라고 하면 돼.

3. 没와 没有

没와 没有는 둘 다 동사나 부사로 쓰이며 기본적으로 의미와 용법은 비슷합니다. 동사로 쓰일 때는 '소유'나 '존재'의 부정을 나타냅니다.

예) 他没(有)时间。 그는 시간이 없다.

家里没(有)人。 집에 사람이 없다.

부사로 쓰일 때는 과거의 일을 부정하는 부정부사가 됩니다.

예) 他还没(有)来。 그는 아직 오지 않았다.

我没(有)去过那儿。 나는 그곳에 가 본 적이 없다.

이렇게 이 둘은 음절의 차이만 있을 뿐 용법이 거의 같지만, 고정구에서는 没가 주로 쓰이며, 단독으로 대답할 때는 没有가 주로 쓰입니다.

예) 没关系。 괜찮습니다.　　　　　　没大没小。 위아래가 없다.(버르장머리가 없다.)

A 你去了吗? 너 갔니?

B 没有。 아니.

4. 好多了。 많이 좋아졌어.

형용사 뒤에 多了가 쓰이면 상황이 예전과 비교하여 아주 큰 차이가 있음을 나타냅니다.

예) 今天比昨天冷多了。 오늘은 어제보다 훨씬 많이 추워졌다.

他的身体比以前好多了。 그의 몸은 예전보다 훨씬 많이 좋아졌다.

这孩子比以前漂亮多了。 이 아이는 전보다 아주 많이 예뻐졌다.

교체 연습

예문을 보고 새로운 단어를 넣어 말해 봅시다.

MP3 07-07

01 <u>我想回房间休息</u>一下儿。

저는 방으로 돌아가 좀 쉬고 싶어요.

❶ 你帮我问

❷ 我看

❸ 请你来

MP3 07-08

02 <u>我头</u> <u>疼</u>得厉害。

저는 두통이 매우 심해요.

❶ 冬天　冷

❷ 她　　哭*

❸ 菜　　辣*

哭 kū 통 울다 | 辣 là 형 맵다

MP3 07-09

03 好好儿<u>休息</u>。

잘 쉬렴.

❶ 准备

❷ 看书

❸ 问问他

MP3 07-10

04 <u>今天天气</u> <u>好</u>极了！

오늘 날씨가 정말 좋아!

❶ 那个菜　　　　香

❷ 这儿的东西　　贵

❸ 我今天　　　　高兴

플러스
문화

시 낭독하기, 등관작루

登鸛雀楼 Dēng Guànquèlóu

王之涣 Wáng Zhīhuàn

白日依山尽，
Bái rì yī shān jìn,

黄河入海流。
Huáng Hé rù hǎi liú.

欲穷千里目，
Yù qióng qiān lǐ mù,

更上一层楼。
Gèng shàng yì céng lóu.

해석 관작루에 올라

왕지환

해는 서산에 기대어 지고,
황하는 바다로 흘러드네.
멀리 천 리 밖을 보고자,
누각 한 층 더 오르네.

단어 鸛雀楼 Guànquèlóu 황화 강변에 세워진 누각(황새와 까치가 둥지를 틀곤 해서 이런 이름이 붙
어졌다고 한다.) | 白日 bái rì 태양 | 依 yī 기대다 | 尽 jìn 다하다 | 欲 yù 소망하다, 바라다 | 穷
qióng 끝까지 이르다 | 目 mù 시야 | 更 gèng 또, 다시

94 **07** 저는 몸이 좀 불편해요.

culture

작품 해설

관작루(鸛雀楼 Guànquèlóu)는 지금의 산시성(山西省)에 있는 누각이다. 옛 기록에 따르면 뒤로는 높은 산이, 앞으로는 황하의 세찬 물줄기가 내려다보인다고 하며, 당나라의 시인들이 이곳을 찾아 아름다운 경치를 시로 남겼다. 이 시는 웅대한 기개와 깊은 정취를 담고 있어 많은 사람들이 즐겨 낭송하고 있다. 특히 적극적이고 진취적인 삶의 태도를 비유하는 구절로 자주 인용된다.

작가 소개

왕지환(王之渙, Wáng Zhīhuàn 688-742)은 어려서 호방한 기질에다 의협심이 강하여 관직 생활이 순탄하지 못했다. 주위의 모함을 받아 사직하고 귀향한 후에 10여 년을 유람하였다. 자신의 성격만큼 호방한 시나 변방의 풍경을 묘사한 변새시를 주로 지었다. 그중 〈양주사(凉州词)〉와 〈등관작루(登鹳雀楼)〉가 유명하다.

无风不起浪。

아니 땐 굴뚝에 연기 나랴.

스스로 확인

- ☐☐ 舒服 _____
- ☐☐ 厉害 _____
- ☐☐ 发烧 _____
- ☐☐ 准备 _____
- ☐☐ 没关系 _____
- ☐☐ 努力 _____
- ☐☐ 关心 _____
- ☐☐ 陪 _____
- ☐☐ 出去 _____
- ☐☐ 散步 _____
- ☐☐ 这么 _____
- ☐☐ 那 _____
- ☐☐ 改天 _____
- ☐☐ 送 _____
- ☐☐ 慢走 _____

함께 토론

请说说考试前怎么复习好。

시험 준비 노하우를 말해 봅시다.

我喜欢逛街。

나는 길거리 돌아다니는 걸 좋아해.

학습 목표

- ✔ 취미를 묻고 대답할 수 있다.
- ✔ 다양하게 비교할 수 있다.
- ✔ 경험을 묻고 답할 수 있다.

하나, 둘, 하나, 둘!

⭐**1** 발음과 억양에 유의하여 따라 읽어 봅시다.　　　　🎧MP3 08-00

⭐**2** 현지인의 일상 대화 속도로 따라 읽어 봅시다.

　　　　　　　　　　　　　　　　　　　　　　　⭐1 ⭐2

01 Wǎnshang nǐ yìbān gàn shénme?
晚上你一般干什么?

02 Nǐ zhēn shì ge hǎo xuésheng.
你真是个好学生。

03 Wǒ tīng bu dǒng Zhōngwén jiémù.
我听不懂中文节目。

04 Wǒ juéde guàng jiē bǐ pá shān gèng lèi.
我觉得逛街比爬山更累。

05 Chàbuduō měi ge zhōumò dōu dǎ.
差不多每个周末都打。

본문 대화

 제프와 리사가 저녁 식사를 하며 여가 활동에 대해 이야기한다. MP3 08-01

제프
晚上你一般干什么？
Wǎnshang nǐ yìbān gàn shénme?

리사
做作业啦、听录音啦、复习旧课啦、
Zuò zuòyè la、 tīng lùyīn la、 fùxí jiù kè la、

预习新课啦……。
yùxí xīn kè la…….

제프
你真是个好学生。
Nǐ zhēn shì ge hǎo xuésheng.

리사
你晚上干什么？
Nǐ wǎnshang gàn shénme?

제프
看电视，和朋友聊天儿。
Kàn diànshì, hé péngyou liáotiānr.

리사 我也喜欢聊天儿。
Wǒ yě xǐhuan liáotiānr.

제프 你不喜欢看电视吗?
Nǐ bù xǐhuan kàn diànshì ma?

리사 不喜欢。
Bù xǐhuan.

제프 为什么?
Wèi shénme?

리사 我听不懂中文节目。
Wǒ tīng bu dǒng Zhōngwén jiémù.

★ 애니는 왜 텔레비전 보는 것을 좋아하지 않습니까?

Tip
啦 la는 了 le와 啊 a의 합음으로, 了나 啊처럼 쓰입니다.
여기서는 감탄의 어감을 나타냅니다.

새단어

MP3 08-02

一般 yìbān 형 보통이다, 일반적이다 | 啦 la 조 어기조사(감탄) | 录音 lùyīn 명 녹음 | 复习 fùxí
동 복습하다 | 旧 jiù 형 옛날의, 낡다, 오래다 | 预习 yùxí 동 예습하다 | 新 xīn 형 새롭다 | 真
zhēn 부 정말, 참으로, 진실로 | 电视 diànshì 명 텔레비전 | 中文 Zhōngwén 고유 중국어 | 节
目 jiémù 명 프로그램

본문 대화

대화2 애니와 야마다가 주말 계획에 대해 이야기한다. MP3 08-03

애니
周末你想干什么?
Zhōumò nǐ xiǎng gàn shénme?

야마다
爬山。从这儿往西有一座山, 挺漂亮的。
Pá shān. Cóng zhèr wǎng xī yǒu yí zuò shān, tǐng piàoliang de.

一起去吧。
Yìqǐ qù ba.

애니
我不去。
Wǒ bú qù.

야마다
为什么? 你不喜欢爬山吗?
Wèi shénme? Nǐ bù xǐhuan pá shān ma?

애니
爬山太累了。 我喜欢逛街。
Pá shān tài lèi le.　Wǒ xǐhuan guàng jiē.

야마다
我觉得逛街比爬山更累。
Wǒ juéde guàng jiē bǐ pá shān gèng lèi.

★ 야마다는 주말에 무엇을 하려고 합니까?

MP3 08-04
周末 zhōumò 명 주말 | 爬 pá 동 기다, 기어오르다 | 山 shān 명 산 | 西 xī 명 서쪽 | 座 zuò 양
좌, 동, 채(산·건축물·교량·대포 등을 세는 단위) | 漂亮 piàoliang 형 예쁘다 | 累 lèi 형 피곤하다 |
逛 guàng 동 산보하다, 놀러 다니다 | 街 jiē 명 (비교적 넓고 큰) 길, 거리 | 更 gèng 부 더욱

대화3 애니와 왕핑이 취미에 대해 이야기한다.　　　　　MP3 08-05

애니　王平，你的爱好是什么？
Wáng Píng, nǐ de àihào shì shénme?

왕핑　我喜欢体育运动，特别喜欢打乒乓球。
Wǒ xǐhuan tǐyù yùndòng, tèbié xǐhuan dǎ pīngpāngqiú.

애니　你常常打乒乓球吗？
Nǐ chángcháng dǎ pīngpāngqiú ma?

왕핑　我参加了学校的乒乓球队，
Wǒ cānjiā le xuéxiào de pīngpāngqiú duì,

　　　差不多每个周末都打。
chàbuduō měi ge zhōumò dōu dǎ.

애니　我没打过乒乓球。难学吗？
Wǒ méi dǎ guo pīngpāngqiú. Nán xué ma?

왕핑　不难。
Bù nán.

★ 왕핑의 취미는 무엇입니까?

 새 단어

MP3 08-06　体育 tǐyù 몡체육 | 运动 yùndòng 몡동운동(하다) | 打 dǎ 동때리다, 치다 | 乒乓球 pīngpāngqiú 몡탁구 | 队 duì 몡팀 | 差不多 chàbuduō 혱(정도·시간·거리 등이) 거의 비슷하다 | 难 nán 혱어렵다 | 学 xué 동배우다

본문 해설

1. 做作业啦、听录音啦、复习旧课啦、预习新课啦……。

숙제하고, 녹음 듣고, 이전에 배운 단원 복습하고, 새로운 단원 예습하고…….

啦는 了(le)와 啊(a)의 합음으로 생겨난 어기조사인데, 두 가지 이상의 예를 들어 설명할 때 열거하는 성분 뒤에 …啦、…啦、…啦의 형태로 쓰입니다.

> 예 A 周末你一般干什么?
> 주말에 너는 보통 뭘 하니?
>
> B 看电视啦、打球啦、和朋友聚会啦，我都喜欢。
> TV도 보고, 공놀이도 하고, 친구들과 만나기도 하는데, 나는 다 좋아해.
>
> A 你马上要结婚，家电都买了吗?
> 당신 곧 결혼하는데 가전제품은 다 샀나요?
>
> B 电视啦、冰箱啦、洗衣机啦、空调啦，我都买了。
> TV랑 냉장고랑 세탁기랑 에어컨이랑 모두 다 샀어요.

2. 你真是个好学生。 너는 정말 모범생이다.

真은 的确(틀림없이), 确实(확실히, 정말로)와 같은 뜻으로 그 정도가 매우 심함을 강조할 때 사용하는 표현입니다.

> 예 天气真冷! 날씨 진짜 춥다!
> 我真不能再吃了。 나는 정말 더 이상 먹을 수 없다.
> 我真不能理解他。 나는 정말로 그를 이해할 수 없다.

3. 差不多每个周末都打。 거의 매주 주말마다 (탁구를) 쳐.

여기서 差不多는 '거의, 대체로'라는 뜻의 부사로 쓰였습니다.

- (예) 我来中国差不多十年了。 내가 중국에 온 지 거의 10년이 되었다.
  差不多有一百个。 거의 백 개가 있다.

差不多가 형용사로 쓰이면 '(시간, 거리, 정도 등이) 비슷하다', '별 차이가 없다'는 의미를 나타냅니다.

- (예) 他们俩差不多大。 그들 둘은 (나이가) 거의 비슷하다.
  他和弟弟差不多高。 그와 동생은 (키가) 비슷비슷하게 크다.
  这两件衣服的颜色差不多。 이 두 벌의 옷 색깔은 거의 비슷하다.

4. 难学吗? 배우기 어렵니?

好와 难은 각각 '좋다', '어렵다'라는 뜻의 형용사인데, 그 뒤에 단음절 동사가 오면 '~하기에 좋다', '~하기에 어렵다'처럼 새로운 형용사를 만들 수 있습니다.

- (예) 这个菜很好吃，那个菜很难吃。 이 음식은 맛있는데, 저 음식은 맛없다.
  这件衣服很好看，那件衣服很难看。 이 옷은 예쁜데, 저 옷은 예쁘지 않다.
  这条路很好走，那条路很难走。 이 길은 걷기 좋은데, 저 길은 걷기 힘들다.

만약 难 다음에 2음절 단어가 오면 难以를 써서 '~하기에 어렵다'라는 뜻을 나타냅니다.

- (예) 难以形容 형용하기 어렵다
  难以想像 상상하기 어렵다

교체 연습

예문을 보고 새로운 단어를 넣어 말해 봅시다.

MP3 08-07

01

<u>你</u>真<u>是个好学生</u>。

너는 정말 모범생이다.

❶ 她   努力

❷ 她长得   漂亮

❸ 我   喜欢这件衣服

MP3 08-08

02

我觉得<u>逛街</u>比<u>爬山</u>更<u>累</u>。

나는 길거리 돌아다니는 것이 등산보다 훨씬 힘든 것 같아.

❶ 记*声调   写汉字   难

❷ 上网   看电视   有意思

❸ 这次考试   上次   容易*

记 jì 동 기억하다, 기록하다 | 容易 róngyì 형 쉽다

MP3 08-09

03 差不多每个周末 都打。

거의 매주 주말마다 (탁구를) 쳐.

❶ 每个人　　　都知道

❷ 两个小时　　就到了

❸ 五百块钱　　一辆

MP3 08-10

04 我没打过乒乓球。

나는 탁구를 쳐 본 적이 없어.

❶ 去　　　你家

❷ 学　　　这个词

❸ 喝　　　白酒

플러스 문화

중국의 음식 문화

중국의 음식 문화는 풍부하고 다채로워 같은 재료로도 수많은 요리를 만들 수 있다. 이는 조리법과 향신료가 다양하기 때문이다. 중국인들은 단맛, 짠맛, 신맛, 매운맛, 쓴맛의 다섯 가지 맛을 잘 조화시키기 위해 다양한 재료를 함께 조리하고, 500여 가지가 넘는 조미료를 이용한다. 또 국, 튀기기, 볶기, 지지기, 굽기, 찌기, 훈제 등 다양한 조리법을 활용해 다양한 맛과 향이 나는 요리를 만든다. 이중 돼지고기 춘장볶음(京酱肉丝 jīngjiàng-ròusī)은 중국인들이 일상적으로 즐겨 먹는 요리이다.

 돼지고기 춘장볶음 만들기

재료 ▸ 돼지고기 등심 200g, 파 2대, 달걀 1개, 춘장 10g, 설탕 5g, 간장 5g, 전분 약간, 맛술, 참기름

❶ 돼지고기 등심을 약 5cm의 길이로 채썬다. 고기를 그릇에 담고 달걀흰자만 넣은 뒤 간장과 전분, 맛술을 넣고 무쳐 재워둔다.

❷ 파는 뿌리의 흰부분만 잘라 6,7cm의 길이로 채썰어서 접시에 가지런히 담는다.

❸ 팬을 달군 뒤 기름을 넣고, 기름이 끓으면 썰어놓은 고기를 넣어 빠르게 볶아낸다.

❹ 팬에 남은 기름을 이용해 춘장을 볶다가 설탕을 넣고 춘장이 보글보글 끓을 때까지 볶는다.

❺ 불을 세게 올리고 볶아 놓았던 고기를 다시 팬에 넣고 춘장이 잘 버무러지도록 볶는다. 불을 끄고 참기름을 두른 뒤 접시에 담아 낸다.

culture

중국 요리 이름

중국 요리 이름은 재료와 향신료, 조리법을 이용해 만드는데, 예를 들면 京酱肉丝라고 하면 베이징 특산인 된장[京酱]에 돼지고기[肉]를 채썰어[丝] 볶아낸 요리를 말한다. 재료의 형태와 조리법을 살펴보자.

丝 sī 채썰기	**丁** dīng 깍뚝썰기	**条** tiáo 길게 썰기
片 piàn 얇게 썰기	**汤** tāng 국	**卷** juǎn 말기
羹 gēng 죽, 스프	**团** tuán 빚기	**丸** wán 완자
炸 zhá 튀기기	**烤** kǎo 굽기	**炒** chǎo 볶기
烧 shāo 국물 있게 볶기	**煎** jiān 지지기	**炖** dùn 삶기
蒸 zhēng 찌기	**拌** bàn 무치기	**泡** pào 절이기

식사 팁

① 식사는 요리 → 주식 → 탕의 순서로 먹는다.

② 숟가락은 탕, 젓가락은 면, 쌀밥 등을 먹을 때 사용하며, 밥을 먹을 때는 그릇을 받쳐 들고 식사한다.

③ 또 우리의 식사가 밥을 중심으로 반찬을 먹는 것과 달리 중국의 가정식은 요리가 주가 되는 특징이 있다.

打破砂锅。

끝까지 파헤치다.

스스로 확인

- ☐☐ 一般
- ☐☐ 复习
- ☐☐ 预习
- ☐☐ 电视
- ☐☐ 中文节目
- ☐☐ 周末
- ☐☐ 爬
- ☐☐ 漂亮
- ☐☐ 累
- ☐☐ 逛街
- ☐☐ 更
- ☐☐ 体育运动
- ☐☐ 打乒乓球
- ☐☐ 差不多
- ☐☐ 难学

함께 토론

请说说汉语哪一部分最难学。

중국어에서 제일 어려운 부분을 말해 봅시다.

我正在上书法课呢。

나는 서예 수업을 듣고 있었어.

학습 목표

✓ 진행 중인 동작을 표현할 수 있다.
✓ 가까운 미래에 일어날 동작을 표현할 수 있다.
✓ 조건과 결과를 표현할 수 있다.

expressions

★ 발음과 억양에 유의하여 따라 읽어 봅시다. MP3 09-00

★ 현지인의 일상 대화 속도로 따라 읽어 봅시다.

★ ★

01 Zěnme bù xiān dǎ ge diànhuà?

怎么不先打个电话？

02 Shǒujī méi diàn le, wǒ wàng le chōngdiàn le.

手机没电了，我忘了充电了。

03 Bā diǎn wǒ zhèng zài jiàoshì shàngkè ne.

八点我正在教室上课呢。

04 Nǐ zhǎo wǒ yǒu shì ma?

你找我有事吗？

05 Zhǐyào duō kàn duō xiě,
jiù yídìng néng xué hǎo.

只要多看多写，就一定能学好。

본문 대화

 대화1 류웨이가 장신의 기숙사에 왔다.

MP3 09-01

장신
刘伟，你怎么来了？ 怎么不先打个电话？
Liú Wěi, nǐ zěnme lái le?　Zěnme bù xiān dǎ ge diànhuà?

류웨이
我打了几次，你都没接。
Wǒ dǎ le jǐ cì,　nǐ dōu méi jiē.

장신
是吗？ 我怎么没听到？ 我看看。
Shì ma?　Wǒ zěnme méi tīng dào? Wǒ kànkan.

哎呀，真对不起，手机没电了，我忘了充电了。
Āiyā,　zhēn duìbuqǐ,　shǒujī méi diàn le, wǒ wàng le chōngdiàn le.

류웨이
昨天晚上我也打过。
Zuótiān wǎnshang wǒ yě dǎ guo.

장신
你是几点给我打的？
Nǐ shì jǐ diǎn gěi wǒ dǎ de?

류웨이
大概八点。
Dàgài bā diǎn.

장신
八点我正在教室上课呢。
Bā diǎn wǒ zhèng zài jiàoshì shàngkè ne.

류웨이 | 昨天是星期天, 上什么课?
Zuótiān shì xīngqītiān, shàng shénme kè?

장신 | 上书法课。
Shàng shūfǎkè.

류웨이 | 你是什么时候开始学书法的?
Nǐ shì shénme shíhou kāishǐ xué shūfǎ de?

장신 | 半年前开始的。你找我有事吗?
Bàn nián qián kāishǐ de. Nǐ zhǎo wǒ yǒu shì ma?

류웨이 | 我有两张今天晚上的电影票, 是朋友送的。
Wǒ yǒu liǎng zhāng jīntiān wǎnshang de diànyǐng piào, shì péngyou sòng de.

我想请你一起去。你有时间吗?
Wǒ xiǎng qǐng nǐ yìqǐ qù. Nǐ yǒu shíjiān ma?

장신 | 谢谢你, 不过今天晚上我已经和朋友约好去吃饭了。
Xièxie nǐ, búguò jīntiān wǎnshang wǒ yǐjing hé péngyou yuē hǎo qù chī fàn le.

류웨이 | 没关系, 那我再找找别人吧。
Méi guānxi, nà wǒ zài zhǎozhao biéren ba.

★ 류웨이는 왜 장신을 찾아왔습니까?

새 단어

MP3 09-02

接 jiē 통 받다 | 哎呀 āiyā 감 이런, 아이고 | 电 diàn 명 전기 | 忘 wàng 통 잊다, 망각하다 | 充电 chōngdiàn 통 충전하다 | 正 zhèng 부 바로, 지금 | 书法 shūfǎ 명 서예 | 张 zhāng 양 장(얇고 편 평한 것으로 된 것을 세는 단위) | 电影 diànyǐng 명 영화 | 票 piào 명 표 | 约 yuē 통 약속하다

대화2 애니가 왕핑에게 조언을 구한다. MP3 09-03

왕핑
安妮，最近你的汉语进步很大。
Ānnī, zuìjìn nǐ de Hànyǔ jìnbù hěn dà.

애니
哪里。现在我有一个很大的问题。
Nǎlǐ. Xiànzài wǒ yǒu yí ge hěn dà de wèntí.

왕핑
什么问题?
Shénme wèntí?

애니
课本上有很多汉字我不认识，
Kèběn shang yǒu hěn duō Hànzì wǒ bú rènshi,

更不会写，怎么办?
gèng bú huì xiě, zěnme bàn?

왕핑
我有一个好办法。
Wǒ yǒu yí ge hǎo bànfǎ.

애니　什么办法？快说！

　　　　Shénme bànfǎ? Kuài shuō!

왕핑　你别着急。听我说，你跟我一起练习书法吧。

　　　　Nǐ bié zháojí.　Tīng wǒ shuō, nǐ gēn wǒ yìqǐ liànxí shūfǎ ba.

애니　书法？太难了，我怕学不会。

　　　　Shūfǎ?　Tài nán le,　wǒ pà xué bu huì.

왕핑　慢慢学，只要多看多写，就一定能学好。

　　　　Mànman xué, zhǐyào duō kàn duō xiě, jiù yídìng néng xué hǎo.

애니　好，听你的。

　　　　Hǎo,　tīng nǐ de.

　　　　我每天写五个字，一个学期能记住五百多个字呢。

　　　　Wǒ měitiān xiě wǔ ge zì,　yí ge xuéqī néng jì zhù wǔbǎi duō ge zì ne.

왕핑　还有，你读课文的时候，别只看拼音。

　　　　Háiyǒu,　nǐ dú kèwén de shíhou,　bié zhǐ kàn pīnyīn.

★ 애니는 요즘 어떤 고민이 있습니까?

MP3 09-04

进步 jìnbù 통진보하다 형진보적인 | 哪里 nǎlǐ 대무슨 말씀을 | 课本 kèběn 명교과서 | 认识 rènshi 통알다, 인식하다 | 会 huì 조동할 수 있다 | 写 xiě 통쓰다 | 办 bàn 통처리하다 | 办法 bànfǎ 명방법 | 跟 gēn 접~와 | 怕 pà 통두렵다 | 只要……就…… zhǐyào……jiù…… ~만 한다면 ~하다

1. 你是几点给我打的? 너 몇 시에 나에게 전화했던 거야?

是……的는 이미 발생한 상황의 시간, 장소, 방법 등을 강조할 때 자주 쓰입니다.

> 예 她来北京了，她是上星期来的，是坐飞机来的。
> 그녀는 베이징에 왔다. 그녀는 지난주에 왔고, 비행기를 타고 왔다.
>
> 她是昨天从上海来的。
> 그녀는 어제 상하이에서 왔다.

2. 八点我正在教室上课呢。 8시면 나는 교실에서 수업 듣고 있었어.

正……呢는 동작의 진행이나 지속을 나타냅니다. 正 혹은 正在 하나만 쓸 수도 있고 呢 하나만 쓸 수도 있습니다. 다만 正在 다음에 장소가 올 때에는 在를 생략할 수 없습니다.

> 예 外边正下着雨呢。 밖에 비가 내리고 있다.
>
> 他正在看书呢。 그는 책을 보고 있다.

3. 哪里 어디, 무슨

哪里는 상대방의 칭찬 등을 들었을 때 겸손하게 대답하는 말입니다.

> 예 A 你的汉语说得不错! 너 중국어 정말 잘한다!
> B 哪里，哪里。 어디.(난 중국어 잘 못해)
>
> A 她是你的女朋友吧! 그녀는 네 여자친구지!
> B 哪里，我们是同学。 무슨, 우린 같은 반 친구야.

4. 我怕学不会。 나는 배우지 못할까 봐 겁나.

学会는 '배워서(学) 할 수 있다(会)'라는 뜻으로, 会는 결과보어로 이해할 수 있습니다. 이 것을 가능보어 구문으로 표현할 때는 学得会, 学不会로 합니다.

例 A 一个月能学会汉语吗?

한 달에 중국어를 배울 수 있을까?

B 当然学不会。

당연히 안 돼.

A 我觉得俄罗斯语很难, 怎么也学不会。

나는 러시아어가 어렵게 느껴져서, 아무리 해도 배울 수가 없어.

B 你是聪明人, 肯定学会的。

너는 똑똑하니까, 반드시 배울 수 있을 거야.

5. 只要多看多写, 就一定能学好。

많이 보고 많이 쓰면, 분명 잘 배울 수 있어.

只要……, 就……는 '~하면, ~하다'는 뜻의 조건복문으로, 접속사 只要는 조건을 나타내 는 구문을 이끌고, 就는 조건이 충족되었을 때의 결과를 나타냅니다. 只要는 주어의 앞이 나 뒤에 모두 올 수 있습니다.

例 只要你喜欢就可以买。

너만 좋다면 바로 사렴.

我们只要打个电话告诉她, 她就会来。

우리가 전화해서 그녀에게 말하기만 하면, 그녀는 바로 올 것이다.

只要不下雨, 他天天都骑自行车来。

비만 오지 않으면, 그는 매일 자전거를 타고 온다.

교체 연습

예문을 보고 새로운 단어를 넣어 말해 봅시다.

MP3 09-05

01 你是<u>几点给我打</u>的?

너 몇 시에 나에게 전화했던 거야?

❶ 什么时候来中国

❷ 从哪儿来

❸ 和谁一起来

MP3 09-06

02 <u>我正在教室上课</u>呢。

나는 교실에서 수업 듣고 있었어.

❶ 她　　　睡觉

❷ 我们　　聊天儿

❸ 他　　　练习打乒乓球

MP3 09-07

03 我怕学不会。

나는 배우지 못할까 봐 겁나.

❶ 考不上

❷ 做不完

❸ 买不到

MP3 09-08

04 只要多看多写，就一定能学好。

많이 보고 많이 쓰면, 분명 잘 배울 수 있어.

❶ 好好儿复习　　　一定能考好

❷ 不懂　　　　　　问老师

❸ 天气好　　　　　一定去

중국의 위대한 사상가

고대 중국에는 중국 문화의 기반을 넘어 동양철학의 토대를 마련한 사상가들이 있었다. 특히 중국의 난세라 일컬어지는 춘추전국시대에 수많은 사상가들이 활동하였는데, 이들을 제자백가(諸子百家)라 한다. 음양가, 유가, 묵가, 명가, 법가, 도가를 비롯해 종횡가, 농업가, 소설가, 잡가까지 수많은 학파들이 왕성한 활동을 벌였다.

유가의 대사상가, 공자와 맹자

공자(孔子 Kǒngzǐ)는 유가(儒家) 사상의 시조로, 최고의 덕을 인(仁)이라고 보았다. 자기 자신을 이기고 예에 따르는 삶을 인이라고 하였다. 맹자는 공자의 유가 사상을 계승하여, 도덕정치인 왕도(王道)를 주장하였으나 이는 당시 시대상과는 상당히 동떨어진 이상적인 경향이 많아 국가관으로는 채택되지 못하였으나 훗날 한나라는 유학을 정치사상으로 채택하였고, 이때부터 유학은 중국의 정치, 문화, 사상의 기반이 되었다.

 도덕경

노자가 쓴 저술로 저자의 이름을 따서 《노자(老子)》라고 하기도 한다. 기원전 4세기부터 한초(漢初)에 이르기까지의 도가 사상을 정리한 것으로, 『도덕경』의 사상은 한마디로 무위자연(無爲自然)의 사상이라고 할 수 있다. 무위는 '도는 언제나 무위이지만 하지 않는 일이 없다(道常無爲而無不爲).'의 무위이고, 자연은 '하늘은 도를 본받고 도는 자연을 본받는다(天法道道法自然).'의 자연을 의미한다. 당시 국가의 통치 이념이었던 유가 사상에서 중시한 예교의 인위성을 반대하여, 모든 거짓됨과 인위적인 것에서 벗어나려는 주장을 펼쳤고, 당시 많은 사상가와 예술가에게 큰 영향을 미쳤다.

도가의 대사상가, 노자와 장자

노자(老子 Lǎozǐ)는 도가(道家) 사상의 효시로, 주나라가 쇠락하던 시기에 시대를 한탄하며 서쪽지역으로 떠났다. 전해지는 바에 따르면 그는 서역으로 가는 관문에서 만난 문지기의 요청으로 책 두 편을 써 주었는데, 이를 《도덕경(道德经)》이라고 한다. 장자(庄子 Zhuāngzǐ)는 도가를 발전시킨 사상가로, 도를 천지만물의 근본 원리라고 보았다. 즉 도는 어떤 대상을 욕구하거나 사유하지 않으며, 스스로 자기 존재를 성립시키며 절로 움직인다고 보는 일종의 범신론이라 할 수 있다.

법가를 이룬 한비자

한비자(韩非子 Hánfēizǐ)는 전국 시대 말기 순자(荀子)에게 배워 뒷날 법가(法家) 사상을 대성시켰다. 덕(德)을 내세우기보다는 법(法)을 내세우고, 형벌은 대신(大臣)도 피하지 않으며 포상은 필부(匹夫)라도 놓쳐  서는 안 된다고 주장했다. 진(秦)나라 정치사상의 기초를 이루어, 진나라는 중앙집권과 군주전제정치를 행할 수 있었다.

千里之行，始于足下。

천릿길도 한 걸음부터.

- ☐☐ 正 _____
- ☐☐ 忘 _____
- ☐☐ 充电 _____
- ☐☐ 书法 _____
- ☐☐ 电影票 _____
- ☐☐ 约 _____
- ☐☐ 进步 _____
- ☐☐ 哪里 _____
- ☐☐ 课本 _____
- ☐☐ 认识 _____
- ☐☐ 会 _____
- ☐☐ 写 _____
- ☐☐ 办法 _____
- ☐☐ 跟 _____
- ☐☐ 怕 _____

 함께 토론

请说说最近有什么让你特别着急的事。

마음 졸였던 일이 있다면 말해 봅시다.

旅行回来了。

여행에서 돌아왔어.

학습 목표

- 거리를 표현할 수 있다.
- 연속적인 동작을 표현할 수 있다.
- 동시에 진행하는 동작을 표현할 수 있다.

expressions

1 발음과 억양에 유의하여 따라 읽어 봅시다.　　　MP3 10-00

2 현지인의 일상 대화 속도로 따라 읽어 봅시다.

01 Kuài dào zhōumò le, dǎsuàn zěnme guò?
快到周末了，打算怎么过？

02 Wǒ yuē le Wáng Píng, wǒmen liǎ yìqǐ qù.
我约了王平，我们俩一起去。

03 Wǒ xiǎng xiān xǐ ge zǎo, zài qù chī fàn.
我想先洗个澡，再去吃饭。

04 Nǐ yǐwéi chī Zhōngcān shì xiān hē tāng a!
你以为吃中餐是先喝汤啊！

05 Yìbiān hē yǐnliào yìbiān chī liángcài.
一边喝饮料一边吃凉菜。

본문 대화

대화1 애니와 제프가 주말 계획을 이야기한다.

MP3 10-01

애니
杰夫，快到周末了，打算怎么过？
Jiéfū, kuài dào zhōumò le, dǎsuàn zěnme guò?

제프
我想去旅行。
Wǒ xiǎng qù lǚxíng.

애니
去哪儿？
Qù nǎr?

제프
离这儿不太远，一个有山有水的好地方。
Lí zhèr bú tài yuǎn, yí ge yǒu shān yǒu shuǐ de hǎo dìfang.

애니
你一个人去吗？
Nǐ yí ge rén qù ma?

제프
我约了王平，我们俩一起去。
Wǒ yuē le Wáng Píng, wǒmen liǎ yìqǐ qù.

애니
周末我还没有安排，能跟你们一起去吗？
Zhōumò wǒ hái méiyǒu ānpái, néng gēn nǐmen yìqǐ qù ma?

제프
当然可以。
Dāngrán kěyǐ.

★ 제프는 주말에 누구와 만나기로 약속했습니까?

 새 단어

MP3 10-02

打算 dǎsuàn 명 계획 동 ~할 작정이다 | 过 guò 동 지나다, 경과하다 | 离 lí 동 떠나다, 헤어지다
개 ~에서, ~로부터 | 俩 liǎ 수량 두 개, 두 사람 | 安排 ānpái 명 동 처리(하다), 배치(하다)

대화2 리사가 여행에서 돌아온 애니와 이야기한다.

(MP3) 10-03

리사
安妮，旅行回来了？好玩儿吗？
Ānnī, lǚxíng huílái le? Hǎowánr ma?

애니
好玩儿极了。
Hǎowánr jí le.

리사
累不累？
Lèi bu lèi?

애니
有点儿累。
Yǒudiǎnr lèi.

리사
你还没吃晚饭吧？走，咱们吃饭去。
Nǐ hái méi chī wǎnfàn ba? Zǒu, zánmen chī fàn qù.

애니
我想先洗个澡，再去吃饭。
Wǒ xiǎng xiān xǐ ge zǎo, zài qù chī fàn.

리사
好吧，我等你。
Hǎo ba, wǒ děng nǐ.

你得快一点儿，食堂快关门了。
Nǐ děi kuài yìdiǎnr, shítáng kuài guānmén le.

★ 리사는 애니에게 무엇을 제안했습니까?

 새 단어

(MP3) 10-04
回来 huílái 동 되돌아오다 | 好玩儿 hǎowánr 형 재미있다 | 晚饭 wǎnfàn 명 저녁밥 | 洗澡
xǐzǎo 동 샤워하다, 목욕하다 | 得 děi 조동 ~해야 한다

본문 대화

 애니와 리사가 음식점에서 왕핑을 만났다.

MP3 10-05

왕핑
你们俩怎么也来这儿吃饭?
Nǐmen liǎ zěnme yě lái zhèr chī fàn?

리사
食堂关门了，所以我们出来好好儿吃一顿。
Shítáng guānmén le, suǒyǐ wǒmen chūlái hǎohāor chī yí dùn.

애니
王平，你也刚来吧，一块儿吃吧。
Wáng Píng, nǐ yě gāng lái ba, yíkuàir chī ba.

왕핑
我都快吃完了。
Wǒ dōu kuài chī wán le.

리사
你不是正在喝汤吗？喝一碗汤就饱了？
Nǐ bú shì zhèngzài hē tāng ma? Hē yì wǎn tāng jiù bǎo le?

왕핑
你以为吃中餐是先喝汤啊!
Nǐ yǐwéi chī Zhōngcān shì xiān hē tāng a!

리사　你别笑，我真的不太清楚吃中餐的习惯，
Nǐ bié xiào,　wǒ zhēn de bú tài qīngchu chī Zhōngcān de xíguàn,

快给我们介绍介绍吧。
kuài gěi wǒmen jièshào jièshào ba.

왕핑　那我告诉你：吃中餐的时候，一般是先吃凉菜，
Nà wǒ gàosu nǐ:　Chī Zhōngcān de shíhou, yìbān shì xiān chī liángcài,

一边喝饮料一边吃凉菜，
yìbiān hē yǐnliào yìbiān chī liángcài,

过一会儿再吃热菜和米饭什么的，
guò yíhuìr zài chī rècài hé mǐfàn shénmede,

最后才喝汤，有时候再吃点儿水果。
zuìhòu cái hē tāng, yǒu shíhou zài chī diǎnr shuǐguǒ.

★ 중국 요리를 먹는 순서를 설명해 봅시다.

새 단어

MP3 10-06

出来 chūlái 圄 나오다 | 顿 dùn 窱 번, 차례, 끼니 | 刚 gāng 뮈 지금, 막, 바로 | 一块儿 yíkuàir 뮈
함께, 같이 | 汤 tāng 窱 탕, 국 | 以为 yǐwéi 圄 생각하다, (~라고) 여기다 | 中餐 Zhōngcān 窱
중국 음식, 중국 요리 | 笑 xiào 圄 웃다 | 介绍 jièshào 圄 소개하다 | 凉 liáng 혱 서늘하다, 식다
| 饮料 yǐnliào 窱 음료 | 最后 zuìhòu 窱 최후, 맨 마지막 | 有时候 yǒu shíhou 경우에 따라서,
때로 | 水果 shuǐguǒ 窱 과일

1. 快到周末了。 이제 곧 주말이야.

快……了는 시간적으로 곧 조만간 어떤 상황이 발생함을 표현합니다. 快 뒤에는 동사, 형용사, 수량사, 명사 등이 올 수 있습니다.

예 火车快到站了。 기차가 곧 역에 도착할 거다.

她的病快好了。 그녀의 병이 곧 좋아질 거다.

我们来北京快一年了。 우리가 베이징에 온 지도 거의 일년이 되어 간다.

那位老大爷快八十岁了。 그 어르신은 거의 80세가 되어 간다.

快新年了吧? 곧 새해가 되지?

2. 我想先洗个澡，再去吃饭。

나는 먼저 목욕 좀 하고, 그런 다음 밥 먹으러 가려고 해.

先……再……는 일의 발생 순서를 나타냅니다.

예 这次旅行，我打算先到上海，再去广州。
이번 여행은 먼저 상하이에 갔다가 광저우에 갈 계획이야.

咱们先打个电话再去。
우리 먼저 전화한 다음에 가자.

3. 你不是正在喝汤吗? 너 지금 탕을 마시고 있는 거 아니니?

不是……吗는 반어문을 구성하는 구문으로, 강조의 의미를 갖고 있습니다. 문장의 원래 뜻은 "你正在喝汤。"이지만, 여기에 반어문인 不是……吗 구문을 사용하여 그 뜻을 더욱 강조하고 있습니다.

（예）她不是日本人吗？怎么不会说日语？

그녀는 일본인 아니었니? (일본인이다) 그런데 어째서 일본어를 못하지?

这件事你不是已经知道了吗？别再问了。

너도 이번 일을 이미 알고 있는 것 아니니? (알고 있다) 그러니 다시 묻지 마라.

你不是去过中国吗？

너는 중국에 가 본 거 아니었니? (안 가 봤다)

4. 你以为吃中餐是先喝汤啊！

너는 중국 음식을 먹을 때 탕을 먼저 마시는 걸로 알고 있구나!

以为는 사물이나 사람에 대해 판단을 내릴 때 쓰이는 표현인데, 주로 사실과 다른 판단을
내리거나 오해할 때 쓰입니다.

（예）我以前一直以为他是中国人，原来他是韩国人。

나는 이전에 줄곧 그가 중국인인 줄 알았는데, 알고 보니 그는 한국인이었다.

好几天没看到他，我以为他已经回国了呢。

오랫동안 그를 보지 못해서, 나는 그가 이미 귀국한 줄 알았다.(실제로 그는 귀국하지 않았다)

5. 一边喝饮料一边吃凉菜。 음료를 마시면서, 냉채를 먹어.

一边……一边……은 두 가지 이상의 동작이 동시에 진행되고 있음을 나타냅니다. 边은
동작의 앞에 쓰이며 一는 생략할 수 있습니다.

（예）他(一)边吃饭(一)边看电视。

그는 식사를 하면서 TV를 본다.

孩子们边唱边跳。

아이들이 노래를 부르며 춤을 춘다.

교체 연습

예문을 보고 새로운 단어를 넣어 말해 봅시다.

MP3 10-07

01 那个地方**离**这儿 不太远。

그곳은 여기에서 그다지 멀지 않아.

❶ 上海　　北京　　挺远的

❷ 你家　　学校　　有多远

❸ 现在　　上课　　还有十分钟

MP3 10-08

02 先洗个澡，再去吃饭。

먼저 목욕 좀 하고, 그런 다음 밥을 먹으러 가자.

❶ 上口语课　　　　上听力课

❷ 散散步　　　　　去吃晚饭

❸ 给他打个电话　　去找他

MP3 10-09

03 你不是<u>正在喝汤</u>吗?

너 지금 탕을 마시고 있는 거 아니니?

❶ 去过那个地方

❷ 学过书法

❸ 喜欢逛街

MP3 10-10

04 <u>一边喝饮料</u>一边<u>吃凉菜</u>。

음료를 마시면서, 냉채를 먹어.

❶ 读　　　写

❷ 听音乐　　想办法

❸ 学习　　打工*

打工 dǎgōng 동 일하다, 아르바이트하다

상하이 요리

상하이 요리(上海料理)는 양쯔강(扬子江) 하류의 난징과
상하이 일대에서 발달한 요리를 이른다. 이곳은 해산물과
농산물이 풍부하기 때문에, 이를 이용해 색과 모양이 화려
한 요리를 만든다. 다른 지역의 음식보다 간장과 설탕을 더
많이 사용하여 맛이 진하고 달콤하며 기름지게 만드는 것이
특징이다. 양쯔강을 중심으로 난징과 화이양, 쑤시, 쉬하이
요리로 구분할 수 있다.

난징 요리

난징 요리(南京料理)는
양쯔강 하류에서 난 민물
고기와 오리를 이용한 요
리가 많다. 여기에 국화
꽃, 구기자, 마란두, 갓 등
채소를 곁들여 섬세한 향

과 부드러운 맛의 요리를 만든다. 또 지역 특산인 황주와 간장을 이용해 풍미를 진하게 한다. 이
중 성지안만터우(生煎馒头), 따자시에(大闸蟹), 샤오롱바오(小笼包)는 전세계 미식가들에게
사랑받는 요리이다.

화이양 요리

화이안(淮安)과 양저우
(扬州) 지역을 중심으로
하는 화이양 요리(淮阳料
理)는 돼지고기나 민물생
선과 지역 특산인 식초를
이용한다. 재료를 써는 방

법을 매우 중시한다는 점에서 다른 지역 요리와 다르다. 화이양 요리는 다른 지역 요리보다 맛
이 달콤하며 맵지 않다. 쑤안차이위(酸菜鱼)와 스즈터우(狮子头), 시엔러우궈티에(鲜肉锅贴)
등이 유명하다.

culture

쑤시 요리

쑤저우(苏州)와 우시 (无锡) 지역을 중심으 로 하는 쑤시 요리(苏 锡料理)는 술지게미 를 양념으로 사용하 며, 민물생선을 이용 한 요리가 많다. 쑹슈위(松鼠鱼)가 대표적이다.

쉬하이 요리

쉬하이 요리(徐海料理)는 장쑤의 북쪽 해안가에 있는 쉬저우(徐州)를 중심으로 발달했으며, 해산물과 야채를 사용하여 진한 맛을 낸다.

동파육의 유래

소동파가 항주에 부임했을 때 서호는 그 옛날 이름난 아름다 운 호수가 아니라 옛 흔적만 남은 진흙 시궁창이 되어 가고 있었다. 이에 소동파는 호수 정비 사업을 했다.

서호가 풍광도 좋아지고 넉넉한 저수량으로 풍년을 이루게 되자 백성들은 소동파에게 감사의 표시로 돼지고기를 보냈 는데, 소동파는 돼지고기를 가지고 소흥술로 적절히 졸여 백 성에게 다시 나눠 주었다. 백성들은 감사하는 마음을 담아 이 돼지고기 요리에 소동파의 호를 붙여서 동파육이라고 불 렀다고 한다.

易如反掌。

식은 죽 먹기.

스스로 확인

- ☐☐ 打算 _____
- ☐☐ 离 _____
- ☐☐ 俩 _____
- ☐☐ 安排 _____
- ☐☐ 好玩儿 _____
- ☐☐ 洗澡 _____
- ☐☐ 一块儿 _____
- ☐☐ 以为 _____
- ☐☐ 中餐 _____
- ☐☐ 笑 _____
- ☐☐ 介绍 _____
- ☐☐ 凉 _____
- ☐☐ 饮料 _____
- ☐☐ 有时候 _____
- ☐☐ 水果 _____

함께 토론

请说说你周末一般怎么安排。

주말 일정을 말해 봅시다.

穿什么衣服合适?

어떤 옷을 입는 게 적당할까?

학습 목표

- 의견을 묻고 답할 수 있다.
- 점층 관계를 표현할 수 있다.

⭐1 발음과 억양에 유의하여 따라 읽어 봅시다.

⭐2 현지인의 일상 대화 속도로 따라 읽어 봅시다.

MP3 11-00

⭐1 ⭐2

01 Tiānqì yùbào shuō bǐ zuótiān lěng yìdiǎnr.

天气预报说比昨天冷一点儿。

02 Tīngshuō zhèr de dōngtiān bú tài lěng.

听说这儿的冬天不太冷。

03 Yàngzi hái kěyǐ, yánsè bú tài hǎokàn.

样子还可以，颜色不太好看。

04 Bú shì yīfu xiǎo, shì nǐ de gèzi tài gāo le.

不是衣服小，是你的个子太高了。

05 Qǐngwèn, yǒu méiyǒu dàhào de?

请问，有没有大号的?

본문 대화

애니 **今天外边冷不冷？穿什么衣服合适？**
Jīntiān wàibian lěng bu lěng? Chuān shénme yīfu héshì?

리사 **天气预报说比昨天冷一点儿。**
Tiānqì yùbào shuō bǐ zuótiān lěng yìdiǎnr.

애니 **是吗？我看外边太阳挺好的。**
Shì ma? Wǒ kàn wàibian tàiyang tǐng hǎo de.

리사 **我刚从外边回来，真的挺冷的，出去得穿大衣。**
Wǒ gāng cóng wàibian huílái, zhēnde tǐng lěng de, chūqù děi chuān dàyī.

★ 오늘 날씨는 어떻습니까?

 새 단어

MP3 11-02 穿 chuān 통 입다 | 衣服 yīfu 명 옷, 의복 | 合适 héshì 형 적당하다, 알맞다, 적합하다 | 天气
预报 tiānqì yùbào 명 일기 예보 | 外边 wàibian 명 바깥, 밖 | 太阳 tàiyang 명 태양, 해 | 大
衣 dàyī 명 외투, 오버코트

대화2 리원징과 제프가 겨울 옷에 대해 이야기한다.

（MP3） 11-03

리원징
杰夫，穿这么少，不冷吗？
Jiéfū, chuān zhème shǎo, bù lěng ma?

제프
少吗？我觉得不少。这是我最暖和的衣服了。
Shǎo ma? Wǒ juéde bù shǎo. Zhè shì wǒ zuì nuǎnhuo de yīfu le.

리원징
冬天快到了，你得买一件厚一点儿的衣服。
Dōngtiān kuài dào le, nǐ děi mǎi yí jiàn hòu yìdiǎnr de yīfu.

제프
不用吧？听说这儿的冬天不太冷。
Búyòng ba? Tīngshuō zhèr de dōngtiān bú tài lěng.

리원징
这里的风很大，冬天得穿羽绒服。
Zhèlǐ de fēng hěn dà, dōngtiān děi chuān yǔróngfú.

제프
是吗？那周末我就去买。要是你有时间，
Shì ma? Nà zhōumò wǒ jiù qù mǎi. Yàoshi nǐ yǒu shíjiān,

麻烦你和我一起去，帮我看看，好吗？
máfan nǐ hé wǒ yìqǐ qù, bāng wǒ kànkan, hǎo ma?

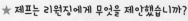

★ 제프는 리원징에게 무엇을 제안했습니까?

（MP3） 11-04
暖和 nuǎnhuo 형 따뜻하다 | 厚 hòu 형 두껍다 | 羽绒服 yǔróngfú 명 다운재킷(down jacket) |

麻烦 máfan 동 귀찮게 하다

본문 대화

 리원징과 제프가 옷을 사러 가게에 갔다.　MP3 11-05

리원징
这件怎么样?
Zhè jiàn zěnmeyàng?

제프
样子还可以, 颜色不太好看。
Yàngzi hái kěyǐ,　yánsè bú tài hǎokàn.

리원징
那件呢? 右边那件?
Nà jiàn ne?　Yòubian nà jiàn?

제프
不错。
Búcuò.

(판매원에게)我想看一下那件衣服, 可以试试吗?
Wǒ xiǎng kàn yíxià nà jiàn yīfu,　kěyǐ　shìshi ma?

판매원
可以。那边有镜子。
Kěyǐ.　Nàbian yǒu jìngzi.

제프   又瘦又短，太小了。
Yòu shòu yòu duǎn, tài xiǎo le.

리윈징   不是衣服小，是你的个子太高了。
Bú shì yīfu xiǎo,   shì nǐ de gèzi tài gāo le.

请问，有没有大号的?
Qǐngwèn, yǒu méiyǒu dàhào de?

판매원   这是最大的，先生，
Zhè shì zuì dà de, xiānsheng,

请再试一下。
qǐng zài shì yíxià.

제프   还是不合适。算了，等我长小了再来买吧。
Háishi bù héshì.   Suàn le, děng wǒ zhǎng xiǎo le zài lái mǎi ba.

★ 제프가 입은 옷은 어떻습니까?

새 단어

MP3 11-06   样子 yàngzi 명 모양, 스타일 | 好看 hǎokàn 형 보기 좋다, 예쁘다 | 试 shì 동 시험하다, 시험삼아 하다, 시도하다 | 镜子 jìngzi 명 거울 | 瘦 shòu 형 마르다, 날씬하다, (옷이) 꼭 끼다 | 短 duǎn 형 짧다 | 个子 gèzi 명 키 | 高 gāo 형 높다, (키가) 크다 | 大号 dàhào 명 큰 사이즈 | 算了 suàn le 그만두다, 따지지 않다, 됐다 | 长 zhǎng 동 자라다

1. 出去得穿大衣。 나가려면 외투를 입어야 해.

得는 여러 가지 발음으로 읽을 수 있습니다. 본문에서처럼 '~을 해야 한다'라는 뜻의 조동사로 쓰일 때는 děi로 읽어야 합니다.

또 '(무엇을) 얻다'라는 동사로 쓰이면 dé, 결과보어나 정도보어 구문에 쓰일 때는 경성 de로 읽습니다.

예 你得(děi)买一些厚一点的衣服。 너는 좀 더 두꺼운 옷을 사야 해.

冬天得(děi)穿羽绒服。 겨울에는 다운 재킷을 입어야 해.

今年他得(dé)了一次感冒。 올해 그는 감기에 한 번 걸렸다.

头痛得(de)厉害，所以考得不太好。 머리가 너무 아파서, 시험을 잘 못 봤다.

2. 不是衣服小，是你的个子太高了。

옷이 작은 게 아니고, 네 키가 너무 큰 거야.

不是……，是……는 앞의 내용을 부정하고 뒤의 내용을 긍정하는 문형입니다.

예 这不是你的，是我的。

이건 네 것이 아니고, 내 거야.

不是天气冷，是你穿得太少。

날씨가 추운 게 아니고, 네가 옷을 적게 입은 거야.

이와 비슷한 문형으로 不是…… , 就是……가 있는데, 앞의 것이 아니라면, 뒤의 것이라는 뜻으로, 둘 중의 하나를 선택하는 문형입니다.

예 不是你错就是他错。

네가 틀린 게 아니면, 그가 틀린 것이다.

他不是在宿舍，就是在教室。

그는 집에 있지 않으면, 교실에 있다.

3. 还是不合适。 그래도 안 맞아.

还是는 상황에 아무런 변화가 없이 예전과 같음을 나타냅니다.

🔘 他又讲了一遍，我还是不明白。

그가 다시 한번 이야기했지만, 나는 여전히 이해할 수 없었다.

这些橘子尝了一个是酸的，又尝了一个还是酸的。

이 귤들은 하나를 먹어 보니 시큼해서, 하나를 더 먹어 보았는데 여전히 시큼하다.

我和他十年没见面了，他还是那么胖。

나와 그는 10년 동안 만나지 못했는데, 그는 여전히 뚱뚱했다.

4. 算了。 됐다, 관두자.

회화에서 더 이상 이것저것 따지지 않고 그만두겠다는 의미로 쓰이는 표현입니다.

🔘 要是你不愿意就算了。 네가 원하지 않는다면 그만둬.

A 我没有五分钱零钱。 나는 5펀짜리 잔돈이 없어요.
B 算了，我不要了。 됐어요. 안 받을게요.

5. 等我长小了再来买吧。 내 키가 작아지면 (그때) 다시 와서 사자.

'等……再……'는 '~을 기다렸다가 그 다음에 ~을 하다'라는 뜻으로, 어떤 시간이나 조건이 무르익기를 기다렸다가 다음 동작을 하는 것을 표현합니다.

🔘 等雨停了再走。 비가 그치면 가자.
等车站稳了再下车。 차가 완전히 멈춘 뒤에 내리세요.

교체 연습

 예문을 보고 새로운 단어를 넣어 말해 봅시다.

MP3 11-07

01

这是最暖和的衣服了。

이게 가장 따뜻한 옷이야.

❶ 便宜　　价钱

❷ 合适　　房间

❸ 快　　　火车

MP3 11-08

02

不是衣服小，是你的个子太高了。

옷이 작은 게 아니라, 네 키가 너무 큰 거야.

❶ 不想去　　　　没有时间

❷ 你胖*　　　　这件衣服太瘦了

❸ 我不告诉你　　我真的不知道

胖 pàng 혱 뚱뚱하다

MP3 11-09

03 我试了几件，还是不合适。

내가 몇 벌을 입어봤지만, 여전히 안 어울려.

❶ 写了几遍　　　记不住

❷ 穿上了羽绒服　　觉得冷

❸ 听了半天音乐　　想家

MP3 11-10

04 等我长小了再来买吧。

내 키가 작아지면 (그때) 다시 와서 사자.

❶ 以后有时间　　聊

❷ 我放了假　　　去旅行

❸ 同学们都来了　开始

过山车
guòshānchē
롤러코스터

照片
zhàopiàn
사진

旋转木马
xuánzhuǎn mùmǎ
회전목마

喷泉
pēnquán
분수

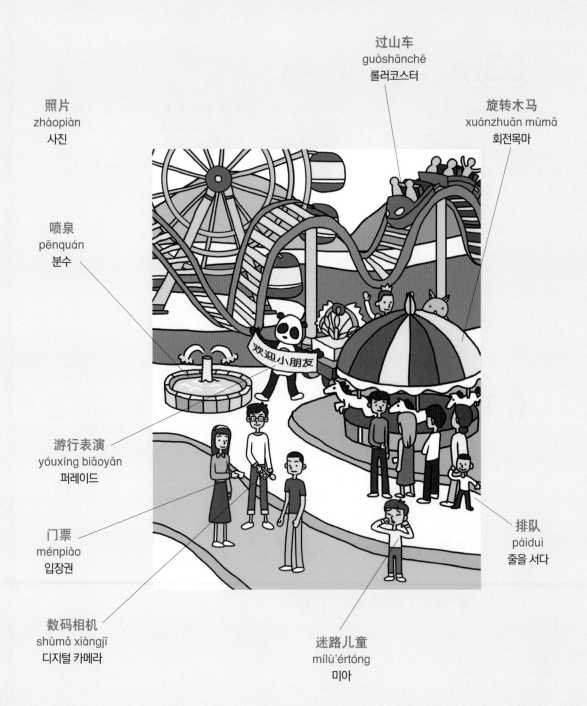

欢迎小朋友

游行表演
yóuxíng biǎoyǎn
퍼레이드

排队
páiduì
줄을 서다

门票
ménpiào
입장권

数码相机
shùmǎ xiàngjī
디지털 카메라

迷路儿童
mílù'értóng
미아

words

游乐园	yóulèyuán	놀이공원
碰碰车	pèngpèngchē	범퍼카
海盗船	hǎidàochuán	바이킹
蹦极	bèngjí	번지점프
跳伞	tiàosǎn	스카이다이빙
秋千	qiūqiān	그네
滑梯	huátī	미끄럼틀
跷跷板	qiāoqiāobǎn	시소
放烟花	fàng yānhuā	불꽃놀이
沙坑	shākēng	모래밭
池塘	chítáng	연못
长椅	chángyǐ	벤치
艇	tǐng	보트
好玩儿	hǎowánr	놀기가 좋다
减轻压力	jiǎnqīng yālì	스트레스 해소

스스로 확인

- ☐☐ 穿衣服
- ☐☐ 合适
- ☐☐ 天气预报
- ☐☐ 太阳
- ☐☐ 大衣
- ☐☐ 暖和
- ☐☐ 羽绒服
- ☐☐ 麻烦
- ☐☐ 样子
- ☐☐ 好看
- ☐☐ 试
- ☐☐ 镜子
- ☐☐ 个子高
- ☐☐ 大号
- ☐☐ 算了

함께 토론

请说说你喜欢穿什么颜色的衣服。

人是衣裳，马是鞍。
옷이 날개.

어떤 색깔 옷을 좋아하는지 말해 봅시다.

你家有什么人?

너희 집에는 어떤 식구가 있니?

학습 목표

- 가족을 소개할 수 있다.
- 외모를 묘사할 수 있다.

expressions

⭐ 발음과 억양에 유의하여 따라 읽어 봅시다. (MP3) 12-00

⭐ 현지인의 일상 대화 속도로 따라 읽어 봅시다.

⭐1 ⭐2

01
Nǐ bàba māma zuò shénme gōngzuò?

你爸爸妈妈做什么工作？

02
Nǐ jiā hái yǒu shénme rén?

你家还有什么人？

03
Wǒ mèimei zài shàng zhōngxué.

我妹妹在上中学。

04
Nà hái yòng shuō!

Tāmen dōu shì zuì rèqíng de rén.

那还用说！他们都是最热情的人。

05
Nǐmen liǎ zhǎng de tài xiàng le.

你们俩长得太像了。

대화1 애니와 왕핑이 졸업 후 계획을 이야기한다. MP3 12-01

애니
王平，明年你大学毕业以后，有什么打算？
Wáng Píng, míngnián nǐ dàxué bìyè yǐhòu, yǒu shénme dǎsuàn?

왕핑
我想去美国留学。
Wǒ xiǎng qù Měiguó liúxué.

애니
要是你真的去美国留学，可以到我家玩儿。
Yàoshi nǐ zhēn de qù Měiguó liúxué, kěyǐ dào wǒ jiā wánr.

왕핑
那太好了！你爸爸妈妈做什么工作？
Nà tài hǎo le! Nǐ bàba māma zuò shénme gōngzuò?

애니
我爸爸是律师，妈妈是医生。
Wǒ bàba shì lǜshī, māma shì yīshēng.

★ 왕핑은 졸업 후에 무엇을 할 계획입니까?

 새단어

MP3 12-02

明年 míngnián 몡 내년 | 大学 dàxué 몡 대학교 | 毕业 bìyè 몡동 졸업(하다) | 留学 liúxué 동 유학하다 | 爸爸 bàba 몡 아빠, 아버지 | 工作 gōngzuò 몡동 일(하다) | 律师 lǜshī 몡 변호사 | 医生 yīshēng 몡 의사

대화2 애니가 왕핑에게 가족을 소개한다.

🎧MP3 12-03

왕핑 你家还有什么人?
Nǐ jiā hái yǒu shénme rén?

애니 还有一个哥哥和一个妹妹。
Hái yǒu yí ge gēge hé yí ge mèimei.

왕핑 他们都住在家里吗?
Tāmen dōu zhù zài jiā li ma?

애니 我妹妹在上中学，住在家里；
Wǒ mèimei zài shàng zhōngxué, zhù zài jiā li;

我哥哥住在大学里，周末才回家。
Wǒ gēge zhù zài dàxué li, zhōumò cái huí jiā.

왕핑 他们会欢迎我吗?
Tāmen huì huānyíng wǒ ma?

애니 那还用说! 他们都是最热情的人。
Nà hái yòng shuō! Tāmen dōu shì zuì rèqíng de rén.

★ 애니의 가족은 모두 몇 명입니까?

 새 단어

🎧MP3 12-04

哥哥 gēge 📛형, 오빠 | 妹妹 mèimei 📛여동생 | 里 lǐ 📛안(쪽) | 上(学) shàng(xué) 🔲(학교에) 가다 | 中学 zhōngxué 📛중·고등학교 | 热情 rèqíng 📛열정적이다

대화3 리사와 피터가 가족 사진을 보며 이야기한다.　　　　MP3 12-05

피터
丽莎，这是你的照片吧？我可以看看吗？
Lìshā,　zhè shì nǐ de zhàopiàn ba? Wǒ kěyǐ kànkan ma?

리사
你看吧。
Nǐ kàn ba.

피터
这就是你们全家吧？
Zhè jiù shì nǐmen quán jiā ba?

리사
对。照得不错吧？
Duì. Zhào de búcuò ba?

피터
挺好的。哪个是你啊？
Tǐng hǎo de. Nǎge shì nǐ a?

리사   你好好儿找找。
Nǐ hǎohāor zhǎozhao.

피터   这两个女孩儿长得差不多，
Zhè liǎng ge nǚháir zhǎng de chàbuduō,

后边穿红衣服的是你，对不对？
hòubian chuān hóng yīfu de shì nǐ, duì bu duì?

리사   错了，那是我妹妹。
Cuò le, nà shì wǒ mèimei.

피터   前边的是你呀！你们俩长得太像了。
Qiánbian de shì nǐ ya! Nǐmen liǎ zhǎng de tài xiàng le.

★ 리사와 리사의 여동생은 닮았습니까?

MP3 12-06   照片 zhàopiàn 몡 사진 | 全 quán 혱 모든, 완전하다 | 女孩儿 nǚháir 몡 여자 아이, 소녀 |
后边 hòubian 몡 뒤, 뒤쪽 | 红 hóng 혱 붉다, 빨갛다 | 错 cuò 혱 틀리다, 맞지 않다 | 前边
qiánbian 몡 앞쪽 | 像 xiàng 동 닮다, 비슷하다

본문 해설

1. 要是 만일, 만약

要是는 '만일 ~이라면'이라는 뜻의 접속사입니다.

예 **要是下雨，怎么办？** 만일 비가 오면 어쩌지?

我要是生病了，谁照顾我？ 내가 만약 병이 나면 누가 날 돌봐 주지?

2. 我妹妹在上中学。 내 여동생은 중등학교에 다녀.

동사 上은 매일 규칙적으로 정해진 시간에 일이나 공부 등의 활동을 하는 것을 나타냅니다.

예 **上班** 출근하다

上了两节课。 두 시간 수업을 들었다.

她没上过大学。 그녀는 대학교에 다닌 적이 없다.

中学는 중등학교를 통틀어 가리키는 말로, 중학교는 初中, 고등학교는 高中으로 나누어 말합니다.

3. 那还用说! 그야 말할 필요도 없지! (두말하면 잔소리다)

길게 말할 필요도 없고 의심할 것도 없을 때 쓰는 표현입니다. 반어적인 어감을 사용하여 실제로 사실이 이러하다는 것을 강조합니다.

예 A **她是厨师，她做的菜一定很好吃吧？**
그녀는 요리사니까, 그녀가 만든 요리는 분명히 맛있겠죠?

B **那还用说。**
두말하면 잔소리죠.

4. 全家 온 집안, 가족 전체

全은 '전부, 전체'라는 뜻입니다. 명사를 수식할 때는 的를 쓰지 않습니다.

- 예 **全中国** 중국 전체   **全世界** 전 세계, 온 세계

  全校 전교, 학교 전체   **全班同学** 반 전체

  全书内容 책의 내용 전부   **全人类** 전 인류, 인류 전체

5. 你们俩长得太像了。 너희 둘은 생긴 것이 많이 닮았어.

像은 동사로 '~와 닮다, 생김새가 비슷하다'는 뜻입니다.

- 예 **她的眼睛、鼻子都像妈妈。**

  그녀의 눈과 코는 모두 엄마를 닮았다.

  她和她的姐姐长得一点也不像。

  그녀와 그녀의 언니는 생김새가 조금도 닮지 않았다.

  他的女朋友真的很像李英爱。

  그의 여자 친구는 정말로 이영애를 닮았다.

또 俩는 수사로 '둘, 두 개'를 뜻합니다. 앞서 나온 둘을 포괄하여 이르는 말로, 两과는 달리 뒤에 양사를 쓰면 안 됩니다.

- 예 **我们俩同年。** 우리 둘은 동갑이다.

(×) **我们俩个同年。**

교체 연습

 예문을 보고 새로운 단어를 넣어 말해 봅시다.

MP3 12-07

01 我妹妹在上中学。

내 여동생은 중등학교에 다녀.

❶ 女儿*　　高中*

❷ 姐姐　　大学

❸ 哥哥　　电脑课

女儿 nǚ'ér 圐 딸 | 高中 gāozhōng 圐 고등학교

MP3 12-08

02 你家里人会欢迎我吗?

너희 가족이 나를 반겨줄까?

❶ 她　　　喜欢这个礼物

❷ 大夫　　好好儿给我看病

❸ 感冒　　很快好

MP3 12-09

03 全家人都欢迎你。

온 가족이 모두 너를 반길 거야.

❶ 班同学　　去了

❷ 校学生　　要参加

❸ 世界*的人　关心这件事

世界 shìjiè 명 세계

MP3 12-10

04 你们长得太像了。

너희 둘은 생긴 것이 많이 닮았어.

❶ 哥哥　　很像爸爸

❷ 我朋友　像她妈妈

❸ 我的眼睛　很像妈妈

중국의 민족, 후이족

후이족(回族 Huízú)은 7세기경부터 중국으로 이주한 아라비아인들이 닝샤(宁夏) 지역에 정착하여 한족과 동화된 민족이다. 이들은 이슬람교를 믿으며, 상업, 교역업에 주로 종사하고 있다. 신앙 때문에 그들만의 생활 습관이나 음식 문화를 유지하여 살고 있으나, 다른 민족에 비해 한족과의 융화도가 높다. 지금은 닝샤후이족 자치구(宁夏回族自治区)를 중심으로 간쑤(甘肃), 칭하이(青海), 신장(新疆), 구이저우(贵州), 윈난(云南) 등지에 집단을 이루어 거주하고 있다.

은빛 강이 흐르는 인촨

인촨(银川)은 닝샤의 제1 도시로, 이곳에는 크고 작은 호수가 많아, '햇살에 하천이 은빛으로 빛난다'는 뜻의 이름이 붙여졌다. 닝샤 남부는 건조한 분지 지형이지만, 닝샤 중북부는 황허가 흐르고 산맥이 건조한 공기를 막아주어 토지가 매우 비옥하다. 그래서 황허 유역의 닝샤평원은 중국 제1의 밀 생산지이며, 옥수수, 쌀, 수박 등이 많이 난다. 대부분 도시가 닝샤평원 주위에 위치해 있다.

후이족의 정신적 고향

인촨에는 회족 문화를 한눈에 볼 수 있는 중화회향문화원(中华回乡文化院)이 있다. 타지마할을 본뜬 입구를 들어서면 중국에서 가장 큰 이슬람 사원인 모스크가 있다. 내부는 아라베스크 문양으로 장식하여 화려하다. 박물관에는 후이족과 관련된 유물이 전시되어 있는데 금박을 입힌 코란은 국가 문화재로 지정돼 있다.

culture

전통 복식

남성들은 대개 흰색 셔츠에 검은색 조끼를 걸치고, 하얀 색 동그란 모자를 쓴다. 여성들은 나이에 따라 다르긴 하지만 주로 흰색, 검은색, 초록색 머릿수건을 두른다.

전통 음식

후이족은 종교의 영향으로 음식을 엄격히 규제한다. 종교 규율에서 반추위가 있는 두발굽 초식동물의 고기를 먹도록 되어 있어서, 소, 양, 낙타고기를 먹고 말, 당나귀, 나귀, 개 등은 먹지 않는다. 물론 닭이나 오리, 생선은 먹는다. 또 일반적으로 담배도 피우지 않고 술도 마시지 않는다.

함께 토론

请说说你读小学、中学时的情形。

情人眼里出西施。

제 눈에 안경.

초등학교, 중고등학교 때 어떻게 보냈는지 말해 봅시다.

본문 해석

UNIT 01   14쪽

애니 제프, 너 어디 가니?

제프 나는 책을 빌리러 도서관에 가.

애니 나도 영문 도서를 대출하고 싶어.

제프 만약 너 지금 시간 있으면, 나랑 같이 가자.

애니 좋아! 도서관은 몇 시에 문을 닫니?

제프 오후 5시 반 이후에는 대출이 안 돼. 그런데 너
그곳에서 자습할 수는 있어. 도서관은 저녁 10
시가 되어서야 문을 닫아.

어제 나는 영문 도서를 빌리려고 도서관에 갔지만, 빌
리지 못했다. 제프는 내가 급히 봐야 한다면, 온라인
에서 살 수 있다고 말했다. 요즘은 온라인으로 물건을
사는 것이 매우 편리하고, 가격도 매우 저렴하다. 어
제 오후에 제프는 내가 온라인으로 주문하는 것을 도
와주었고, 오늘 오전에 책이 기숙사로 배달되었다. 정
말 빠르다!

직원 안녕하세요! 택배 보내실 건가요?

리사 네, 택배를 두 개 보내려고 합니다.

직원 어디로 보내실 건데요?

리사 이 책은 상하이로 보내고, 이 옷은 시안으로 보
낼 겁니다.

직원 택배 서류를 기입해 주세요.

리사 네. 여쭤볼 게 있는데요, 상대방이 돈을 지불하
게 할 수 있나요(착불도 되나요)?

직원 당연히 됩니다. 두 개 모두 착불인가요?

리사 상하이로 보내는 건 착불로 해 주시고요, 시안
으로 보내는 건 여기서 지불할게요. 다 기입했
습니다. 모두 얼마인가요?

직원 12위안입니다.

리사 여기 15위안 드릴게요.

직원 3위안 거슬러 드리겠습니다.

UNIT 02   26쪽

제프 오늘 날씨 어때?

피터 비교적 좋아.

제프 덥니?

피터 그다지 덥지는 않아, 밤중에 가랑비가 내렸어.

제프 바람이 부니?

피터 아니.

애니 이곳의 겨울은 춥니?

왕핑 매우 추워.

애니 여름은 어때?

왕핑 굉장히 더워.

애니 봄과 가을은?

왕핑 이 두 계절의 날씨는 모두 좋아.

리원징 왕 씨 아주머니, 어떻게 오셨어요?

왕 씨 아주머니 듣자 하니 네가 병이 났다고 해서 내가
너를 좀 보러 왔단다. 어떻게 하다가
병이 난 거니?

리원징 제가 아직 이곳 날씨에 적응하지 못해
서 감기에 걸렸어요.

왕 씨 아주머니 지금 몸은 좀 어떠니?

리원징 이미 많이 좋아졌어요.

왕 씨 아주머니 요즘 공부하느라 바쁘니?

리원징 그다지 바쁘지는 않아요.

왕 씨 아주머니 식당의 밥은 맛있어?

리원징   그럭저럭 괜찮아요.

왕 씨 아주머니, 저를 보러 오셔서 아주 기뻤습니다. 이곳은 겨울이 매우 춥고 바람도 세게 불어 아직 (날씨에) 좀 적응하지 못해 감기에 걸렸지만 지금은 이미 많이 좋아졌고 공부하는 것도 그다지 바쁘지 않으니 저희 엄마께 안심하셔도 된다고 좀 전해 주세요.

UNIT 03   38쪽

제프 애니, 겨울 방학은 언제 하지?
애니 1월 15일이야.
제프 기말고사는 언제 보니?
애니 개학할 때, 선생님께서 말씀하셨는데, 아마 1월 8일에서 14일까지일 거야.
제프 성탄절에는 쉬니?
애니 안 쉬어.
제프 겨울 방학은 얼마 동안이야?
애니 대략 한 달 정도야.

피터 애니, 수업 들으러 가니?
애니 응.
피터 이번 학기에 너는 몇 과목을 듣니?
애니 세 과목 들어. 어법, 회화 그리고 듣기. 너는?
피터 나는 네 과목 들어.
애니 너는 1주일에 수업이 몇 시간이니?
피터 20시간이야. 어법과 회화 수업이 각각 8개씩이고, 듣기 수업 2개, 한자 수업이 2개야.
애니 오늘 너는 수업이 몇 과목 있어?
피터 오전에 두 과목, 오후에 두 과목해서 모두 4과목 있어.

나는 3반이고, 애니는 2반이다. 나는 네 과목을 듣고, 그녀(애니)는 세 과목을 듣는다. 매주 우리는 모두 20시간의 수업이 있다. 우리 반은 사람이 매우 많으며, 학생이 17명이고, 그녀(애니)의 반은 사람이 적고, 겨우 12명이다.

한 학년은 두 학기로 이루어집니다. 첫 번째 학기는 9월부터 이듬해 1월까지이며, 모두 19주입니다. 두 번째 학기는 2월부터 7월까지이며, 모두 18주입니다. 겨울에는 겨울 방학을 하고, 여름에는 여름 방학을 합니다.

UNIT 04   50쪽

피터   안녕하세요! 실례합니다. 신발 파는 곳은 어디입니까?
판매원 3층 오른쪽입니다.
피터   감사합니다.
판매원 별말씀을요.

애니 선생님, 실례합니다, 동물원에 가려면 어떻게 가나요?
행인 앞으로 가다가, 다시 오른쪽으로 꺾으세요.
애니 먼가요?
행인 멀지 않아요. 몇 분만 걸어가면 바로 도착해요.
애니 감사합니다.
행인 별말씀을요.

본문 해석

대화3

제프 학생, 말 좀 물을게요. 치과는 어디에 있죠?

학생 저도 정확하지는 않아요. 아마 2층에 있는 것 같던데, 다른 사람에게 다시 물어보세요.

(제프가 2층으로 올라간다)

제프 의사 선생님, 실례합니다. 치과가 2층에 있나요?

의사 그렇습니다. 앞으로 가다가 오른쪽으로 돌아가면, 왼쪽 두 번째 문이 바로 치과입니다.

제프 정말 감사합니다.

UNIT 05 62쪽

대화1

제프 너희들 어떤 음식 먹는 걸 좋아하니?

애니 나는 새콤달콤한 걸 좋아해.

제프 종업원! 주문할게요!

종업원 안녕하세요! 여기 메뉴판이요, 어떤 걸 드시겠습니까?

제프 새콤달콤한 것은 어떤 요리가 있죠?

종업원 탕수어, 토마토 달걀 볶음 등이 있어요.

애니 나는 생선 먹는 것을 좋아하지 않는데, 토마토달걀 볶음 시키는 게 어때?

리사 좋아. 나는 생선향 가지 볶음으로 할게.

제프 생선향 가지 볶음이라고? 애니가 생선 먹는 걸 안 좋아한다고 했잖아.

리사 걱정 마. 생선향 가지 볶음에는 생선이 없어. "생선향"은 일종의 맛이야.

대화2

제프 그게 무슨 맛인데?

리사 나도 정확히 말할 수는 없지만, 조금 있다가 네가 먹어 보면 알게 될 거야.

제프 좋아. 나는 고기 요리를 시킬게. 쇠고기 철판 볶음이랑 감자채 볶음 더 주세요. 요리 네 가지면 충분할까?

애니 충분해.

제프 저희가 매우 배가 고프거든요. 좀 서둘러 주실 수 있죠?

종업원 네, 곧 올리겠습니다.

대화3

애니 리사, 이 음식점의 음식 어때?

리사 이곳의 요리가 (교내) 식당 요리보다 훨씬 맛있어.

제프 너희들 배불리 먹었니?

애니 정말 배불러. 너 좀 더 많이 먹어.

제프 나도 배불러. 다 못 먹은 음식은 싸 가자. 종업원! 계산이요!

UNIT 06 74쪽

대화1

애니 너 요즘 바쁘니?

왕핑 그럭저럭. 무슨 일 있니?

애니 나는 너에게 과외 지도를 부탁하고 싶은데, 어때?

왕핑 좋지! 너는 내가 너에게 무엇을 가르쳐 주길 바라니?

애니 나는 중국어 회화를 연습하고 싶어. 매주 두 번이고, 한 번에 한 시간씩, 괜찮니?

왕핑 문제없어.

대화2

왕핑 언제 수업하는 게 좋아?

애니 월요일, 목요일 오후 5시에서 6시까지, 어때?

왕핑 월요일 오후에는 내가 수업이 있어. 화요일은 괜찮니?

애니 괜찮아. 한 시간에 얼마니?

왕핑 나는 돈은 필요 없어.

애니 그건 안 되지.

왕핑 이렇게 하자. 만약 네가 시간 있을 때, 영어 회화 연습을 도와주는 거야. 어때?

애니 아주 좋아. 우리 서로 가르쳐 주고 배우자.

제프 애니, 방금 왕핑이 널 찾았는데 네가 없고 휴대 전화도 꺼져 있었어.

애니 방금 난 수업이 있었거든. 왕핑이 무슨 일 있다고 했니?

제프 걔가 오늘 오후 과외 지도를 한 번 쉬자고 했어. 걔가 친구 만나러 가야 한대.

애니 알았어. 고마워.

제프 왕핑은 과외 지도하는 게 어때?

애니 아주 좋아.

제프 너희들은 과외 지도할 때 무슨 이야기를 하니?

애니 취미, 여행, 전공 등을 이야기해.

제프 분명 재미있겠다. 다음번에 나도 참가해도 괜찮겠니?

애니 (그야 물론) 되고 말고. 환영해!

야마다 애니, 너희 시험 봤니?

애니 지난주 금요일에 다 봤어.

야마다 시험은 잘 봤니?

애니 잘 못 봤어. 시험 전에 내가 몸이 좀 불편해서, 준비를 잘 못했거든.

야마다 괜찮아. 다음 번에 열심히 하면 되지!

리원징 장신, 듣자 하니 네 몸이 불편하다고 하던데, 좀 좋아졌니?

장신 고마워, 신경 써 줘서. 지금은 많이 좋아졌어.

리원징 오늘 날씨가 정말 좋아. 너를 데리고 산책 나가려고 하는데, 어때?

장신 미안해, 나는 못 가. 조금 있다가 친구가 날 보러 오기로 했어.

리원징 누가 이렇게 너에게 관심을 보이는 거야? 남자 친구지?

장신 아니, 농담하지 마.

리원징 그럼 나 먼저 갈게, 다음에 다시 보러 올게.

장신 배웅하지 않을게, 잘 가!

UNIT 07 86쪽

장신 선생님, 제가 몸이 좀 불편해서, 방으로 돌아가 좀 쉬고 싶은데, 괜찮을까요?

선생님 왜 그러니? 어디가 아프니?

장신 저는 두통이 매우 심하고, 열도 나는 것 같아요.

선생님 그래. 돌아가서 잘 쉬고, 물도 많이 마시렴. 만약 열이 나면, 병원에 가서 진찰 좀 받고.

장신 감사합니다, 선생님.

UNIT 08 98쪽

제프 저녁에 너는 보통 뭘 하니?

리사 숙제하고, 녹음 듣고, 이전에 배운 단원 복습하고, 새로운 단원 예습하고…….

제프 너는 정말 모범생이다.

리사 너는 저녁에 뭐 하는데?

제프 TV 보고 친구와 이야기 나눠.

리사 나도 수다 떠는 거 좋아해.

제프 너는 TV 보는 거 안 좋아하니?

리사 좋아하지 않아.

제프 왜?

리사 나는 중국어 방송을 잘 못 알아들어.

애니 주말에 너 뭐 할 거야?

야마다 등산. 여기에서 서쪽으로 가면 산이 하나 있
는데 아주 예뻐. 함께 가자.

애니 나는 안 갈래.

야마다 왜? 너는 등산하는 거 좋아하지 않니?

애니 등산은 너무 힘들어. 나는 길거리 돌아다니는
걸 좋아해.

야마다 난 길거리 돌아다니는 게 등산보다 훨씬 힘든
거 같아.

애니 왕핑, 네 취미는 뭐니?

왕핑 나는 스포츠를 좋아해. 특히 탁구 치는 걸 좋아해.

애니 너는 자주 탁구를 치니?

왕핑 나는 학교의 탁구팀에 가입했는데 거의 매주 주
말마다 (탁구를) 쳐.

애니 나는 탁구를 쳐 본 적이 없어. 배우기 어렵니?

왕핑 어렵지 않아.

UNIT 09

110쪽

장신 류웨이, 너 왜 온 거야? 왜 먼저 전화하지 않
았니?

류웨이 몇 번이나 전화했는데, 네가 안 받더라.

장신 그래? 내가 왜 못 들었지? 보자.

아이고, 정말 미안해. 휴대전화 배터리가 없
었어, 내가 충전하는 것을 잊었었네.

류웨이 어제 저녁에도 내가 전화했었어.

장신 너 몇 시에 나에게 전화했던 거야?

류웨이 8시쯤.

장신 8시면 나는 교실에서 수업 듣고 있었어.

류웨이 어제는 일요일이었는데, 무슨 수업을 듣니?

장신 서예 수업을 들었어.

류웨이 너는 언제부터 서예를 배우기 시작하니?

장신 반년 전에 시작했어. 너 일이 있어서 나를 찾
은 거니?

류웨이 오늘 저녁 영화표 두 장이 있거든. 친구가 준
거야. 너랑 같이 가자고 하려 했어. 너 시간
있니?

장신 고마워. 그런데 오늘 저녁에 나는 이미 친구
들과 같이 밥 먹으러 가기로 약속했어.

류웨이 괜찮아. 그럼 나는 다른 사람을 다시 찾아봐
야겠다.

왕핑 애니, 요즘 너 중국어가 많이 늘었어.

애니 무슨. 지금 나는 정말 큰 문제가 하나 있어.

왕핑 무슨 문제인데?

애니 교재에 나와 있는 많은 한자를 잘 모르겠고, 더
구나 쓰지도 못하겠어, (이를) 어떻게 하지?

왕핑 나에게 좋은 방법이 하나 있어.

애니 무슨 방법인데? 빨리 말해 봐!

왕핑 서두르지 마. 내 말을 들어 봐, 너는 나와 함께
서예 연습을 하는 거야.

애니 서예? 너무 어려워. 나는 배우지 못할까 봐 겁나.

왕핑 천천히 배우면 돼. 많이 보고 많이 쓰면, 분명
잘 배울 수 있어.

애니 좋아. 네 말대로 할게. 매일 다섯 개 글자를 쓰면,
한 학기면 오백여 개의 한자를 외울 수 있겠네.

왕핑 그리고 네가 교재 문장을 읽을 때, 병음만 보지
않도록 해 봐.

UNIT 10

122쪽

애니 제프, 이제 곧 주말인데, 뭘 하면서 보낼 계획이니?

제프 여행을 가려고 해.

애니 어디로 갈 건데?

제프 여기에서 그다지 멀지 않은 곳에, 산도 있고 물도 있는 좋은 곳이 있어.

애니 너 혼자서 가니?

제프 왕핑하고 약속했어, 우리 둘이서 함께 갈 거야.

애니 주말에 나는 아직 아무런 계획도 없는데. 너희들과 함께 가도 될까?

제프 당연히 되지.

리사 애니, 여행 갔다 돌아왔니? 재미있었니?

애니 정말 재미있었어.

리사 힘들지 않았니?

애니 조금 힘들었어.

리사 너 아직 저녁밥 안 먹었지? 가자, 우리 같이 밥 먹으러 가자.

애니 나는 먼저 목욕 좀 하고, 그런 다음 밥을 먹으러 가려고 해.

리사 좋아. 내가 널 기다릴게. 좀 서두르렴. 식당이 곧 문을 닫거든.

왕핑 너희 둘 어떻게 이곳에 와서 밥을 먹니?

리사 (교내) 식당이 문을 닫았어. 그래서 우리는 밖에 나와 한 끼 좀 잘 먹으려고.

애니 왕핑, 너도 방금 왔구나. 우리 함께 먹자.

왕핑 나는 거의 다 먹어 가.

리사 너 지금 탕을 마시고 있는 거 아니니? 탕 한 그릇 마시고 배가 부르니?

왕핑 너는 중국 음식을 먹을 때 탕을 먼저 마시는 걸로 알고 있구나!

리사 웃지 마. 나는 정말 중국 음식을 먹는 습관에 대해 잘 알지 못해. 어서 나에게 소개 좀 해줘.

왕핑 그럼, 내가 알려 줄게. 중국 음식을 먹을 때는 일반적으로 먼저 냉채를 먹어. 음료를 마시면서 냉채를 먹지. 그런 다음 뜨거운 요리와 밥 등을 먹고 마지막으로 탕을 마셔. 어떤 때는 과일을 먹기도 해.

UNIT 11

134쪽

애니 오늘 밖이 춥니? 어떤 옷을 입는 게 적당할까?

리사 일기예보에서 어제보다 좀 더 춥다고 했어.

애니 그래? 바깥 햇살은 무척 좋아 보이는데.

리사 내가 방금 밖에서 돌아왔는데, 무척 추워서, 나가려면 외투를 입어야 해.

리원징 제프, 옷을 이렇게 조금 입고, 안 춥니?

제프 조금이라고? 적지 않은 거 같은데. 이것은 내 (옷 중) 가장 따뜻한 옷이라고.

리원징 곧 겨울이야. 너는 좀 두꺼운 옷을 사야겠다.

제프 필요 없을걸? 듣자 하니 이곳의 겨울은 아주 춥지는 않다던데.

리원징 이곳은 바람이 매우 세서, 겨울에는 다운재킷(오리털 옷)을 입어야만 해.

제프 그래? 그럼 주말에 바로 사러 가야겠다. 만약 너 시간 있으면, 나랑 함께 가서 좀 봐주지 않을래?

본문 해석

대화3

리원징 이 옷 어때?

제프 모양은 괜찮은데, 색깔이 그다지 예쁘지 않아.

리원징 저 옷은? 오른쪽에 있는 저 옷 말이야.

제프 괜찮은데.
(판매원에게) 저는 저 옷을 좀 보고 싶은데, 입어 봐도 되나요?

판매원 됩니다. 저쪽에 거울이 있어요.

제프 꽉 끼고 짧다. 너무 작은데.

리원징 옷이 작은 게 아니라, 네 키가 너무 큰 거야. 실례합니다만, 큰 사이즈 있나요?

판매원 이 옷이 가장 큰 거예요. 선생님, 다시 한번 입어 보시겠어요?

제프 그래도 안 맞아. 관두자. 내 키가 작아지면 (그때) 다시 와서 사자.

UNIT 12   146쪽

대화1

애니 왕핑, 내년에 대학을 졸업한 후 무슨 계획이 있니?

왕핑 나는 미국으로 유학을 가고 싶어.

애니 만약 네가 정말로 미국으로 유학을 가게 되면, 우리 집에 놀러 와.

왕핑 그것 참 잘됐다! 너희 부모님께서는 무슨 일을 하시니?

애니 우리 아빠는 변호사이시고, 우리 엄마는 의사셔.

대화2

왕핑 너희 집에는 또 누가 있니?

애니 오빠 한 명과 여동생이 한 명 있어.

왕핑 그들은 모두 집에서 사니?

애니 내 여동생은 중등학교에 다니고 있는데 집에서 살고, 오빠는 대학교 안에서 사는데 주말이 되어야 집으로 돌아와.

왕핑 그들이 나를 반겨줄까?

애니 그야 말할 필요도 없지! 그들은 모두 가장 친절한 사람들인 걸.

대화3

피터 리사, 이건 네 사진이구나? 내가 좀 봐도 되니?

리사 보렴.

피터 이들이 너희 온 가족이니?

리사 맞아. 사진 잘 나왔지?

피터 정말 잘 나왔다. 누가 너니?

리사 한번 잘 찾아봐.

피터 이 두 명의 여자아이들은 비슷하게 생겼다. 뒤에 붉은 옷을 입은 게 너구나, 맞지?

리사 틀렸어, 그건 내 여동생이야.

피터 앞쪽이 바로 너구나! 너희 둘은 생긴 것이 많이 닮았어.

교체 연습 해석

UNIT 01
20쪽

01 ① 나는 친구와 함께 밥을 먹는다.
② 선생님께서는 우리와 함께 여행을 가신다.
③ 나는 중국인 친구와 함께 텔레비전을 본다.

02 ① 이 일을 나는 생각도 못했다.
② 당신의 물건을 나는 못 봤다.
③ 그의 말을 나는 못 들었다.

03 ① A 만약 너 이해하지 못했으면, 선생님께 여쭤봐.
B 알았어!
② A 만약 너 머리가 아프면, 방으로 돌아가 쉬어.
B 알았어!

04 ① A 이 요리 좀 맛 보세요.
B 네.
② A 당신의 성함 좀 써 주세요.
B 네.

UNIT 02
32쪽

01 ① 듣자 하니 내일이 그의 생일이라고 해서, 나는 그에게 줄 선물을 하나 사려고 한다.
② 듣자 하니 베이징의 겨울이 매우 춥다고 해서, 나는 외투를 한 벌 사려고 한다.
③ 듣자 하니 그가 커피 마시는 것을 좋아한다고 해서, 나는 그를 커피숍으로 초대했다.

02 ① 선생님께는 내게 단어 받아쓰기를 시키셨다.
② 애니는 나에게 이 문제에 답하라고 했다.
③ 그는 나에게 그 파란색 자전거를 사라고 했다.

03 ① A 이곳의 겨울은 춥니?
B 안 추워.

② A 이곳의 겨울은 춥니?
B 굉장히 추워.

04 ① A 너의 몸은 어떠니?
B 그다지 좋지 않아.
② A 네가 산 자전거는 어떠니?
B 그럭저럭 괜찮아.

UNIT 03
44쪽

01 ① 너는 오리구이를 먹어 봤니?
② 너는 베이징에 가 봤니?
③ 너는 서예를 배운 적이 있니?

02 ① 한 학기에는 두 차례의 시험이 있습니다.
② 그들 반에는 12명의 사람이 있습니다.
③ 하루는 24시간입니다.

03 ① A 기말고사는 언제지?
B 12월 5일이야.
② A 언제 졸업하지?
B 2월 13일이야.

04 ① A 이야기를 얼마나 했어?
B 대략 1시간 정도야.
② A 중국어는 얼마나 배웠어?
B 대략 1년 정도야.

UNIT 04
56쪽

01 ① 실례합니다, 유학생 기숙사에 가려면 어떻게 가나요?
② 실례합니다, 서점에 가려면 어떻게 가나요?

③ 실례합니다, 도서관에 가려면 어떻게 가나요?

02 ① 몇 분만 보면 바로 알아요.
② 몇 주만 쉬면 바로 개학이에요.
③ 며칠만 버티면 바로 좋아질 거예요.

03 ① 동쪽으로 가다가, 왼쪽으로 꺾으세요.
② 서쪽으로 가다가, 오른쪽으로 꺾으세요.
③ 남쪽으로 가다가, 왼쪽으로 꺾으세요.

04 ① 정말 아파요.
② 정말 맛있어요.
③ 정말 (값이) 싸요.

UNIT 05 68쪽

01 ① 나는 크고도 단 걸 좋아해.
② 나는 맛있고도 싼 걸 좋아해.
③ 나는 싸고도 예쁜 걸 좋아해.

02 ① 식탁 위에는 책, 펜, 사전 등이 있어요.
② 기숙사에는 탁자, 의자, 침대 등이 있어요.
③ 아침 식사에는 우유, 빵, 달걀 등이 있어요.

03 ① 오늘은 어제보다 추워.
② 만두는 밥보다 맛있어.
③ 한자 쓰기는 중국어 말하기보다 어려워.

04 ① 너 좀 더 많이 마셔.
② 우리 좀 더 기다리자.
③ 난 100위안도 더 썼을 거야.

UNIT 06 80쪽

01 ① 나는 그녀에게 회화 연습을 도와달라고 하고 싶어.
② 나는 네가 이 일을 그녀에게 알려달라고 부탁하고 싶어.
③ 나는 그에게 기숙사로 돌아가서 좀 쉬라고 하고 싶어.

02 ① 매년 두 달 여행을 합니다.
② 매 시간 30위안입니다.
③ 모든 옷은 200위안에 팝니다.

03 ① 어디 가서 노는 게 좋아?
② 어느 식당의 요리가 좋아?
③ 이 일을 누구에게 도와달라고 하는 게 좋아?

04 ① 그녀는 한자 쓰는 게 어때?
② 그녀는 요리하는 게 어때?
③ 그는 대답하는 게 어때?

UNIT 07 92쪽

01 ① 당신이 저를 도와 좀 물어봐 주세요.
② 제가 좀 볼게요.
③ 당신 좀 오세요.

02 ① 겨울은 추위가 매우 심해요.
② 그녀는 우는 것이 매우 심해요.
③ 요리는 매운 것이 매우 심해요.

03 ① 잘 준비하렴.
② 책을 잘 보렴.
③ 그에게 잘 좀 물어보렴.

04 ① 그 요리는 정말 맛있어!

② 이곳의 물건이 정말 비싸!

③ 나는 오늘 정말 신나!

03) ① 나는 불합격 할까 봐 겁나.

② 나는 다 못할까 봐 겁나.

③ 나는 사지 못할까 봐 겁나.

04) ① 잘 복습하면, (곧) 분명 시험을 잘 볼 수 있어.

② 이해하지 못하면, (곧) 선생님께 여쭤봐.

③ 날씨가 좋으면, (곧) 반드시 갈 거야.

UNIT 08   104쪽

01) ① 그녀는 정말 노력한다.

② 그녀는 생긴 것이 정말 예쁘다.

③ 나는 정말 이 옷을 좋아한다.

02) ① 성조 외우기가 한자 쓰기보다 훨씬 어려운 것 같아.

② 인터넷 하기가 TV 보기보다 훨씬 재미있는 것 같아.

③ 이번 시험이 지난번보다 훨씬 쉬운 것 같아.

03) ① 거의 사람들이 모두 알고 있어.

② 거의 두 시간이면 도착해.

③ 거의 500위안에 한 대야.

04) ① 나는 네 집에 가 본 적이 없어.

② 나는 이 단어를 배운 적이 없어.

③ 나는 바이주를 마셔 본 적이 없어.

UNIT 10   128쪽

01) ① 상하이는 베이징에서 아주 멀어.

② 너네 집은 학교에서 얼마나 머니?

③ 지금은 수업 (시작) 시간에서 10분이나 더 있어.

02) ① 먼저 회화 수업을 듣고, 그런 다음 듣기 수업을 듣자.

② 먼저 산책 좀 하고, 그런 다음 저녁 먹으러 가자.

③ 먼저 그에게 전화 좀 하고, 그런 다음 그를 찾아 가자.

03) ① 너 그 지역을 가 봤던 거 아니니?

② 너 서예를 배웠던 거 아니니?

③ 너 길거리 돌아다니는 것을 좋아하는 거 아니니?

04) ① 읽으면서, (동시에) 쓴다.

② 음악을 들으면서, (동시에) 방법을 생각한다.

③ 공부하면서, (동시에) 아르바이트를 한다.

UNIT 09   116쪽

01) ① 너 언제 중국에 온 거야?

② 너 어디에서 온 거야?

③ 너 누구랑 같이 온 거야?

02) ① 그녀는 잠을 자고 있어.

② 우리는 이야기를 나누고 있어.

③ 그는 탁구를 연습하고 있어.

UNIT 11   140쪽

01) ① 이게 가장 싼 가격이야.

② 이게 가장 적당한 방이야.

③ 이게 가장 빠른 기차야.

02 ① 안 가고 싶은 게 아니라, 시간이 없는 거야.
② 네가 뚱뚱한 게 아니라, 이 옷의 품이 너무 좁은 거야.
③ 내가 너에게 말하지 않은 게 아니라, 내가 진짜 몰랐던 거야.

03 ① 내가 몇 번을 써 봤지만, 여전히 외우지 못해.
② 내가 다운재킷을 입었지만, 여전히 추운 것 같아.
③ 내가 한참 동안 음악을 들어봤지만, 여전히 집이 그리워.

04 ① 나중에 시간이 있으면 (그때) 다시 이야기하자.
② 내가 방학하면 (그때) 다시 여행 가자.
③ 반 친구들이 모두 오면 (그때) 다시 시작하자.

UNIT 12 152쪽

01 ① 내 딸은 고등학교에 다녀.
② 내 누나는 대학교에 다녀.
③ 내 오빠는 컴퓨터학과에 다녀.

02 ① 그녀가 이 선물을 좋아할까?
② 의사 선생님이 나를 잘 진찰해 주실까?
③ 감기가 빨리 나을까?

03 ① 전체 반 친구들이 모두 간다.
② 전 학교 학생들이 모두 참가하려고 한다.
③ 전 세계인들이 모두 이 일에 주목한다.

04 ① 오빠(형)는 생긴 것이 아빠를 닮았다.
② 내 친구는 생긴 것이 그녀의 엄마를 닮았다.
③ 내 눈은 생긴 것이 엄마를 닮았다.

단어 색인

단어 색인

단어 색인

중국어뱅크

北京大學

신 **한어구어** 下

戴桂芙・刘立新・李海燕 편저

워크북

12과로 끝내는 중국어의 표준

HANYU

KOUYU

본 책 + 워크북 + 본문음성 MP3

동양북스

중국어뱅크
北京大学
신한어구어 下
워크북

(MP3) W01-1

1 녹음을 듣고 내용에 맞는 사진을 고르시오.

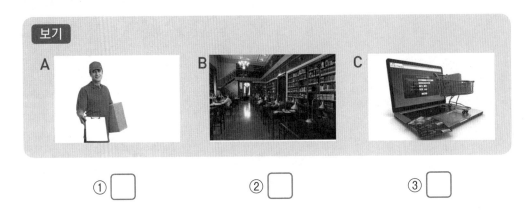

보기

A

B

C

① □　　　　② □　　　　③ □

(MP3) W01-2

2 녹음을 듣고 문장의 내용과 맞으면 √를 틀리면 ×를 쓰시오.

① 这里不能对方付款。　　　　　　　　　（　　　　）

② 男的买的书很快到宿舍了。　　　　　　（　　　　）

3 빈칸에 알맞은 단어를 보기에서 고르시오.

보기　A 几　　　　　B 一下　　　　　C 要是

① (　　　　)你现在有时间，就和我一起去吧。

② 您填(　　　　)快递单。

③ 图书馆(　　　　)点关门?

4 주어진 문장에 연결되는 문장을 보기에서 고르시오.

> 보기   A 找您三块。
>   B 这本书寄到上海。
>   C 我去图书馆。

① 你去哪儿?   (   )

② 寄到哪儿?   (   )

③ 给您十五块。   (   )

5 주어진 단어를 조합해서 문장을 만드시오.

① 借   也   本   去   英文   书   呢   想   。

　我＿＿＿＿＿＿＿＿＿＿＿＿＿＿＿＿＿＿＿＿＿

② 不能   五点   半   下午   书   以后   了   借   就   。

＿＿＿＿＿＿＿＿＿＿＿＿＿＿＿＿＿＿＿＿＿＿＿

6 빈칸에 알맞은 한자를 쓰세요.

① 你可以在那儿自(xí)，

② 西安的这个(xiàn)在付款。

이 과의 주요 단어를 따라 써 봅시다.

획순	图图图图图图图图	书书书书	馆馆馆馆馆馆馆馆馆馆
图书馆	图 书 馆		
túshūguǎn	túshūguǎn		
도서관			

획순	关关关关关关	门门门	
关门	关 门		
guānmén	guānmén		
문을 닫다			

획순	送送送送送送送送送		
送	送 送		
sòng	sòng sòng		
보내다			

획순	对对对对对	方方方方	
对方	对 方		
duìfāng	duìfāng		
상대방			

MP3 W01-3

이 과의 주요 표현을 따라 써 봅시다.

1 我去图书馆借书。

나는 책을 빌리러 도서관에 가.

我去图书馆借书。

2 要是你现在有时间，就和我一起去吧。

만약 너 지금 시간이 있으면, 나랑 함께 가자.

要是你现在有时间，就和我一起去吧。

3 图书馆晚上十点才关门呢。

도서관은 저녁 10시가 되어서야 문을 닫아.

图书馆晚上十点才关门呢。

4 我要寄两个快递。

저는 택배를 두 개 보내려고 합니다.

我要寄两个快递。

5 我问一下，可以对方付款吗？

말씀 좀 묻겠습니다. 착불이 되나요?

我问一下，可以对方付款吗？

今天天气怎么样?

MP3 W02-1

1 녹음을 듣고 내용에 맞는 사진을 고르시오.

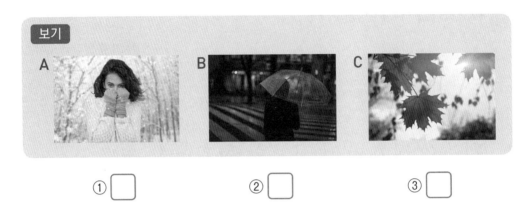

보기

A   B   C

① ☐   ② ☐   ③ ☐

MP3 W02-2

2 녹음을 듣고 문장의 내용과 맞으면 √를 틀리면 ×를 쓰시오.

① 女的不习惯气候，所以身体不太好。   (   )

② 今天外面风很大。   (   )

3 빈칸에 알맞은 단어를 보기에서 고르시오.

보기   A 听说   B 怎么   C 让

① 王阿姨，您(   )来了?

② 王阿姨，请(   )她放心。

③ (   )你病了，我来看看你。

4 주어진 문장에 연결되는 문장을 보기에서 고르시오.

> 보기 A 不太忙。　　　　B 已经好了。　　　　C 还可以。

① 食堂的饭好吃吗?　　　　　　　　　　　　　(　　)

② 最近学习忙不忙?　　　　　　　　　　　　　(　　)

③ 现在身体怎么样?　　　　　　　　　　　　　(　　)

5 주어진 단어를 조합해서 문장을 만드시오.

① 天气　　不错　　两个　　季节　　都　　的　　。

　　这_____

② 习惯　　天气　　的　　不太　　这儿　　。

　　我_____

6 빈칸에 알맞은 한자를 쓰세요.

① 这儿冬天很冷，风非(　cháng　)大。

② 夏天特(　bié　)热。

이 과의 주요 단어를 따라 써 봅시다.

획순	天天天天 气气气气
天气	天 气
tiānqì	tiānqì
날씨	

획순	季季季季季季季季 节节节节节
季节	季 节
jìjié	jìjié
계절	

획순	听听听听听听听 说说说说说说说说说
听说	听 说
tīngshuō	tīngshuō
듣는 바로는 ~이라 한다	

획순	妈妈妈妈妈妈 妈妈妈妈妈妈
妈妈	妈 妈
māma	māma
엄마	

MP3 W02-3

이 과의 주요 표현을 따라 써 봅시다.

1 今天天气怎么样?

오늘 날씨 어때?

今天天气怎么样?

2 夜里下了小雨。

밤중에 가랑비가 내렸어.

夜里下了小雨。

3 这两个季节天气都不错。

이 두 계절의 날씨는 모두 좋아.

这两个季节天气都不错。

4 我不太习惯这儿的天气。

나는 이곳의 날씨에 그리 적응하지 못했다.

我不太习惯这儿的天气。

5 还可以。

그럭저럭 괜찮아요.

还可以。

UNIT 03 什么时候放寒假?

🎧MP3 W03-1

1 녹음을 듣고 내용에 맞는 사진을 고르시오.

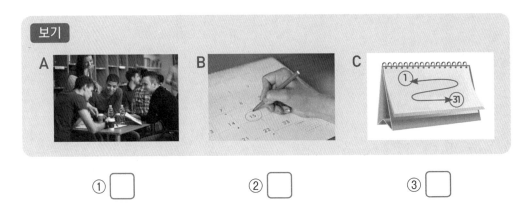

보기

A   B   C

① ☐   ② ☐   ③ ☐

🎧MP3 W03-2

2 녹음을 듣고 문장의 내용과 맞으면 √를 틀리면 ×를 쓰시오.

① 女的今天有五节课。   (   )

② 一个学年有三十七周。   (   )

3 빈칸에 알맞은 단어를 보기에서 고르시오.

보기   A 长   B 只   C 从

① 寒假有多(   )时间?

② 第二个学期(   )二月到七月，一共有十八周。

③ 他们班人少，(   )有十二个。

4 주어진 문장에 연결되는 문장을 보기에서 고르시오.

> 보기 A 好像是从一月八号到十四号。
> B 不放假。
> C 二十节。

① 期末考试是什么时候?　　　　　　　　　　　(　　　)

② 圣诞节放假吗?　　　　　　　　　　　(　　　)

③ 你一个星期有多少节课?　　　　　　　　　　　(　　　)

5 주어진 단어를 조합해서 문장을 만드시오.

① 有　一　两　个　个　学期　学年　。

_____

② 号　寒假　十五　放　一月　。

_____

6 빈칸에 알맞은 한자를 쓰세요.

　　　　gài
① 寒假有大(　　　)一个月。

　　　　bān　　　　　　　bān
② 我在三(　　　),安妮在二(　　　)。

이 과의 주요 단어를 따라 써 봅시다.

획순	开 开 开 开 学 学 学 学 学 学 学 学
开学	开　学
kāixué	kāixué
개학하다	

획순	过 过 过 过 过 过
过	过　过
guo	guo　　guo
~한 적이 있다(경험)	

획순	语 语 语 语 语 语 语 语　　法 法 法 法 法 法 法 法
语法	语　法
yǔfǎ	yǔfǎ
문법	

획순	学 学 学 学 学 学 学 学　　年 年 年 年 年 年
学年	学　年
xuénián	xuénián
학년	

쓰기 노트

MP3 W03-3

이 과의 주요 표현을 따라 써 봅시다.

1 一月十五号放寒假。

1월 15일에 겨울 방학을 한다.

一月十五号放寒假。

2 寒假有多长时间？

겨울 방학은 얼마 동안이야？

寒假有多长时间？

3 这个学期你有几门课？

이번 학기에 너는 몇 과목을 듣니？

这个学期你有几门课？

4 每个星期我们都有二十节课。

매주 우리는 모두 20시간의 수업이 있어.

每个星期我们都有二十节课。

5 我们班有十七个学生。

우리 반에는 17명의 학생이 있습니다.

我们班有十七个学生。

03 什么时候放寒假？ 13

UNIT 04 请问，去动物园怎么走?

MP3 W04-1

1 녹음을 듣고 내용에 맞는 사진을 고르시오.

보기

A

B

C

① ☐   ② ☐   ③ ☐

MP3 W04-2

2 녹음을 듣고 문장의 내용과 맞으면 √를 틀리면 ×를 쓰시오.

① 男的牙齿很疼。   (   )

② 男的已经知道牙科在哪儿。   (   )

3 빈칸에 알맞은 단어를 보기에서 고르시오.

보기   A 就   B 太   C 再

① 走几分钟(   )到了。

② 往前走，(   )往右拐就是。

③ (   )谢谢你了。

4 주어진 문장에 연결되는 문장을 보기에서 고르시오.

> 보기　A 是，左边第二个门就是。
> 　　　B 不客气。
> 　　　C 我也不太青楚。

① 请问牙科是在二楼吗?　　　　　　　　　　　(　　)

② 谢谢您。　　　　　　　　　　　　　　　　(　　)

③ 请问牙科在哪儿?　　　　　　　　　　　　　(　　)

5 주어진 단어를 조합해서 문장을 만드시오.

① 怎么　动物园　去　走　?

_____

② 卖　哪儿　请问　鞋　?

_____

6 빈칸에 알맞은 한자를 쓰세요.

　　　　　　lù
① 往前走，马(　　)左边就是。

　　xiān
② (　　)生，请问，牙科在哪儿?

이 과의 주요 단어를 따라 써 봅시다.

획순	马 马 马　　路 路 路 路 路 路 路 路 路 路 路 路
马路	马　路
mǎlù	mǎlù
대로, 큰길	

획순	不 不 不 不　　客 客 客 客 客 客 客 客 客　　气 气 气 气
不客气	不　客　气
bú kèqi	bú kèqi
천만에요, 별말씀을요	

획순	同 同 同 同 同 同　　学 学 学 学 学 学 学 学
同学	同　学
tóngxué	tóngxué
학우, 동급생	

획순	大 大 大　　夫 夫 夫 夫
大夫	大　夫
dàifu	dàifu
의사	

MP3 W04-3

이 과의 주요 표현을 따라 써 봅시다.

1 请问哪儿卖鞋?

실례합니다만, 신발 파는 곳은 어디입니까?

请问哪儿卖鞋?

2 请问，去动物园怎么走?

실례합니다, 동물원에 가려면 어떻게 가나요?

请问，去动物园怎么走?

3 不远，走几分钟就到了。

멀지 않아요. 몇 분만 걸어가면 바로 도착해요.

不远，走几分钟就到了。

4 我也不太清楚。

저도 정확하지는 않아요.

我也不太清楚。

5 太谢谢你了。

정말 감사합니다.

太谢谢你了。

MP3 **W05-1**

1 녹음을 듣고 내용에 맞는 사진을 고르시오.

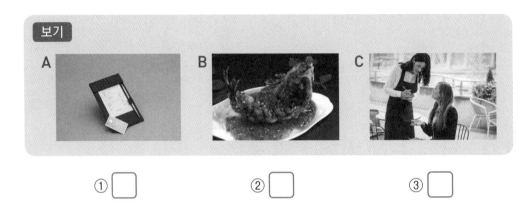

보기

A

B

C

① ☐   ② ☐   ③ ☐

MP3 **W05-2**

2 녹음을 듣고 문장의 내용과 맞으면 √를 틀리면 ×를 쓰시오.

① 他们点了四个菜。   (   )

② 男的跟朋友一起去了超市。   (   )

3 빈칸에 알맞은 단어를 보기에서 고르시오.

보기   A 又   B 看不懂   C 什么的

① 我喜欢(   )酸(   )甜的。

② 我(   )你们的菜单。

③ 有古老肉、糖醋鱼、西红柿炒鸡蛋(   )。

4 주어진 문장에 연결되는 문장을 보기에서 고르시오.

> 보기   A 够了。   B 太饱了。   C 我喜欢西红柿炒鸡蛋。

① 你喜欢吃什么菜?   (   )

② 四个菜够不够?   (   )

③ 你们吃饱了吗?   (   )

5 주어진 단어를 조합해서 문장을 만드시오.

① 比   食堂   多   了   的   的   香   菜   菜   。

这儿 _____

② 你   吃   知道   了   了   就   。

一会儿 _____

6 빈칸에 알맞은 한자를 쓰세요.

         bāo
① 吃不完的菜打(   )吧。

         diǎn
② 服务员!(   )菜!

UNIT 05 我喜欢又酸又甜的。

이 과의 주요 단어를 따라 써 봅시다.

획순	担担担担担担担担　　心心心心
担心	担　心
dānxīn	dānxīn
걱정하다	

획순	味味味味味味味味　　道道道道道道道道道道道道
味道	味　道
wèidao	wèidao
맛	

획순	饭饭饭饭饭饭饭　　馆馆馆馆馆馆馆馆馆馆馆
饭馆	饭　馆
fànguǎn	fànguǎn
음식점, 식당	

획순	结结结结结结结结结　　账账账账账账账账
结账	结　账
jiézhàng	jiézhàng
계산하다	

MP3 W05-3

이 과의 주요 표현을 따라 써 봅시다.

1 我喜欢又酸又甜的。

나는 새콤달콤한 걸 좋아해.

我喜欢又酸又甜的。

2 这是菜单，吃点儿什么？

여기 메뉴판이요, 어떤 걸 드시겠습니까?

这是菜单，吃点儿什么？

3 我要个鱼香茄子。

나는 어향 소스 가지 볶음으로 할게.

我要个鱼香茄子。

4 一会儿你吃了就知道了。

조금 있다가 네가 먹어 보면 알게 될 거야.

一会儿你吃了就知道了。

5 你们吃饱了吗？

너희들 배불리 먹었니?

你们吃饱了吗？

MP3 W06-1

1 녹음을 듣고 내용에 맞는 사진을 고르시오.

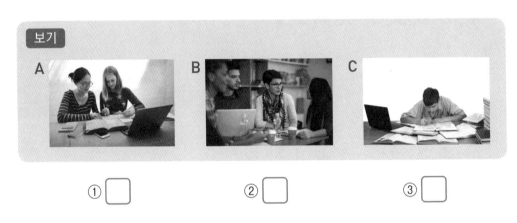

보기

A

B

C

① ☐

② ☐

③ ☐

MP3 W06-2

2 녹음을 듣고 문장의 내용과 맞으면 √를 틀리면 ×를 쓰시오.

① 男的想练习汉语口语。 ( )

② 男的要每星期辅导三次。 ( )

3 빈칸에 알맞은 단어를 보기에서 고르시오.

보기　A 得　　　　B 次　　　　C 的

男: 刚才王平找你，他说今天下午的辅导停一(　①　)。
　　王平辅导(　②　)怎么样？

女: 挺好(　③　)。

① ☐

② ☐

③ ☐

4 주어진 문장에 연결되는 문장을 보기에서 고르시오.

> 보기　A 我不要钱。
>
> 　　　B 爱好、学习什么的。
>
> 　　　C 星期一、四的下午五点到六点，怎么样？

① 什么时候辅导好？　　　　　　　　　　　　　　（　　　）

② 一个小时多少钱？　　　　　　　　　　　　　　（　　　）

③ 你们辅导的时候聊什么？　　　　　　　　　　　（　　　）

5 주어진 단어를 조합해서 문장을 만드시오.

① 你　我　的　请　做　想　辅导　。

　我 _____

② 我　什么　想　让　辅导　？

　你 _____

6 빈칸에 알맞은 한자를 쓰세요.

　　　　　 jiān

① 要是你有时(　　　)，就帮我练习英语口语。

　　　dìng

② 一(　　　)很有意思。

이 과의 주요 단어를 따라 써 봅시다.

획순	帮 帮 帮 帮 帮 帮 帮 帮 帮				
帮	帮	帮			
bāng	bāng	bāng			
돕다					

획순	找 找 找 扌 找 找 找				
找	找	找			
zhǎo	zhǎo	zhǎo			
찾다					

획순	旅 旅 旅 旅 旅 旅 旅 旅 旅 旅　　行 行 行 行 行 行				
旅行	旅	行			
lǚxíng	lǚxíng				
여행(하다)					

획순	专 专 专 专　　业 业 业 业 业				
专业	专	业			
zhuānyè	zhuānyè				
(대학 등의) 전공					

MP3 W06-3

이 과의 주요 표현을 따라 써 봅시다.

1 你最近忙吗？

너 요즘 바쁘니?

你最近忙吗？

2 我想请你做我的辅导，好吗？

나는 너에게 과외 지도를 부탁하고 싶은데, 어때?

我想请你做我的辅导，好吗？

3 要是你有时间，就帮我练习英语口语。

만약 네가 시간 있을 때, 영어 회화 연습을 도와주는 거야.

要是你有时间，就帮我练习英语口语。

4 咱们互相学习吧。

우리 서로 가르쳐 주고 배우자.

咱们互相学习吧。

5 一定很有意思。

분명 재미있겠다.

一定很有意思。

UNIT 07 我有点儿不舒服。

MP3 W07-1

1 녹음을 듣고 내용에 맞는 사진을 고르시오.

보기

A B C

① ② ③

MP3 W07-2

2 녹음을 듣고 문장의 내용과 맞으면 √를 틀리면 ×를 쓰시오.

① 女的身体非常好。　　　　　　　　　　（　　　　）

② 男的让女的去休息。　　　　　　　　　（　　　　）

3 빈칸에 알맞은 단어를 보기에서 고르시오.

보기 A 有点儿　　　　　B 一下儿　　　　　C 好了

我(　①　)不舒服，想回房间休息(　②　)。我觉得等一会儿就
(　③　)。

① ② ③

4 주어진 문장에 연결되는 문장을 보기에서 고르시오.

> 보기   A 谢谢你的关心，现在好多了。
>   B 我头疼得厉害，好像发烧了。
>   C 不是，别开玩笑。

① 你怎么了？哪儿不舒服？   (   )

② 我听说你不舒服，好点儿了吗？   (   )

③ 他是谁？是男朋友吧？   (   )

5 주어진 단어를 조합해서 문장을 만드시오.

① 要　来　看　朋友　我　有个　。
　等一会儿 _____

② 散　出　陪　去　散　你　步　。
　我 _____

6 빈칸에 알맞은 한자를 쓰세요.

① 上星期五就(kǎo)完了。

② 下次再(nǔ)力！

我有点儿不舒服。

이 과의 주요 단어를 따라 써 봅시다.

획순	回回回回回回回　去去去去去
回去	回　去
huíqù	huíqù
돌아가다	

획순	没没没没没没没　关关关关关关　系系系系系系系
没关系	没　关　系
méi guānxi	méi guānxi
상관없다	

획순	努努努努努努努　力力
努力	努　力
nǔlì	nǔlì
노력하다, 힘쓰다	

획순	慢慢慢慢慢慢慢慢慢慢慢慢
慢	慢　慢
màn	màn　màn
느리다	

MP3 **W07-3**

이 과의 주요 표현을 따라 써 봅시다.

1 我有点儿不舒服。

저는 몸이 좀 불편해요.

> 我有点儿不舒服。

2 我头疼得厉害，好像发烧了。

저는 두통이 매우 심하고, 열도 나는 것 같아요.

> 我头疼得厉害，好像发烧了。

3 你回去好好儿休息休息。

돌아가서 잘 쉬어라.

> 你回去好好儿休息休息。

4 我陪你出去散散步。

너를 데리고 산책 나가려고 해.

> 我陪你出去散散步。

5 考得不太好。

(시험을) 잘 못 봤어.

> 考得不太好。

UNIT 08 我喜欢逛街。

MP3 W08-1

1 녹음을 듣고 내용에 맞는 사진을 고르시오.

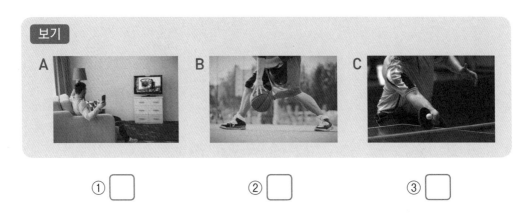

보기

A   B   C

① ☐   ② ☐   ③ ☐

MP3 W08-2

2 녹음을 듣고 문장의 내용과 맞으면 √를 틀리면 ×를 쓰시오.

① 晚上女的一般看电视。   (   )

② 男的非常喜欢看电视。   (   )

3 빈칸에 알맞은 단어를 보기에서 고르시오.

보기 A 觉得   B 喜欢   C 太

周末山田(①)爬山，我(②)爬山(③)累，我(①)逛街。

① ☐   ② ☐   ③ ☐

4 주어진 문장에 연결되는 문장을 보기에서 고르시오.

> 보기   **A** 差不多每个周末都打。
>   **B** 我不去。
>   **C** 看电视，和朋友聊天儿。

① 你晚上干什么？   (　　　　)

② 从这儿往西有一座山，挺漂亮的。一起去吧。   (　　　　)

③ 你常常打乒乓球吗？   (　　　　)

5 주어진 단어를 조합해서 문장을 만드시오.

① 个　　真　　学生　　是　　好　　。

你＿＿＿＿＿＿＿＿＿＿＿＿＿＿＿＿＿＿＿＿＿＿＿＿＿

② 听　　节目　　懂　　中文　　不　　。

我＿＿＿＿＿＿＿＿＿＿＿＿＿＿＿＿＿＿＿＿＿＿＿＿＿

6 빈칸에 알맞은 한자를 쓰세요.

① 我觉得逛街(bǐ)爬山更累。

② 我(cān)加了学校的乒乓球队。

이 과의 주요 단어를 따라 써 봅시다.

획순	录 录 录 录 录 录 录 录　　音 音 音 音 音 音 音 音 音				
录音	录	音			
lùyīn	lùyīn				
녹음					

획순	复 复 复 复 复 复 复 复 复　　习 习 习				
复习	复	习			
fùxí	fùxí				
복습하다					

획순	体 体 体 休 体 休 体　　育 育 育 育 育 育 育 育				
体育	体	育			
tǐyù	tǐyù				
체육					

획순	运 运 运 运 运 运 运　　动 动 动 动 动 动				
运动	运	动			
yùndòng	yùndòng				
운동(하다)					

MP3 W08-3

이 과의 주요 표현을 따라 써 봅시다.

1 晚上你一般干什么?

저녁에 너는 보통 뭘 하니?

> 晚上你一般干什么?

2 你真是个好学生。

너는 정말 모범생이다.

> 你真是个好学生。

3 我听不懂中文节目。

나는 중국어 방송을 잘 못 알아들어.

> 我听不懂中文节目。

4 我觉得逛街比爬山更累。

난 길거리 돌아다니는 게 등산보다 훨씬 힘든 거 같아.

> 我觉得逛街比爬山更累。

5 差不多每个周末都打。

거의 주말마다 (탁구를) 쳐.

> 差不多每个周末都打。

我正在上书法课呢。

MP3 **W09-1**

1 녹음을 듣고 내용에 맞는 사진을 고르시오.

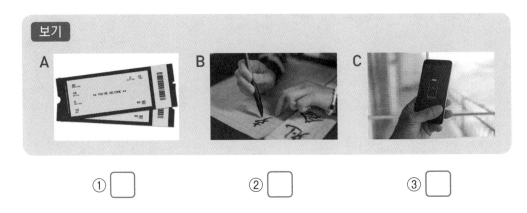

보기

A

B

C

① □　　　　　② □　　　　　③ □

MP3 **W09-2**

2 녹음을 듣고 문장의 내용과 맞으면 √를 틀리면 ×를 쓰시오.

① 男的最近有学习问题。　　　　　　　　　　（　　　　）

② 女的建议多看多写的办法。　　　　　　　　（　　　　）

3 빈칸에 알맞은 단어를 보기에서 고르시오.

보기　A 学不会　　　　B 记住　　　　C 正在

① 八点我(　　　　)教室上课呢。

② 书法？太难了，我怕(　　　　)。

③ 我每天写五个字，一个学期能(　　　　)五百多个子呢。

4 주어진 문장에 연결되는 문장을 보기에서 고르시오.

보기   A 半年前开始的。   B 大概八点。   C 上书法课。

① 你是几点给我打的?   (   )

② 昨天是星期天，上什么课?   (   )

③ 你是什么时候开始学书法的?   (   )

5 주어진 단어를 조합해서 문장을 만드시오.

① 已经　我　朋友　约好　吃饭　去　了　和　。

今天晚上 _____

② 一起　跟　我　书法　吧　练习　。

你 _____

6 빈칸에 알맞은 한자를 쓰세요.

　　　　　　　　diàn　　　　　　　　diàn
① 手机没(　　　　)了，我忘了充(　　　　)了。

　　　　　　　　bù
② 最近你的汉语进(　　　　)很大。

이 과의 주요 단어를 따라 써 봅시다.

획순	电 电 电 电 电　影 影 影 影 影 影 影 影 影 影 影 影 影 影 影
电影 diànyǐng 영화	电　影 diànyǐng

획순	进 进 进 进 进 进 进　　步 步 步 步 步 步 步
进步 jìnbù 진보하다, 진보적인	进　步 jìnbù

획순	哪 哪 哪 哪 哪 哪 哪 哪 哪　　里 里 里 里 里 里 里
哪里 nǎlǐ 무슨 말씀을	哪　里 nǎlǐ

획순	课 课 课 课 课 课 课 课 课 课　　本 本 本 本 本
课本 kèběn 교과서	课　本 kèběn

MP3 W09-3

이 과의 주요 표현을 따라 써 봅시다.

1 怎么不先打个电话?

왜 먼저 전화하지 않았니?

怎么不先打个电话?

2 手机没电了，我忘了充电了。

휴대전화 배터리가 없었어, 내가 충전하는 것을 잊었었네.

手机没电了，我忘了充电了。

3 八点我正在教室上课呢。

8시면 나는 교실에서 수업 듣고 있었어.

八点我正在教室上课呢。

4 你找我有事吗?

너 일이 있어서 나를 찾은 거니?

你找我有事吗?

5 只要多看多写，就一定能学好。

많이 보고 많이 쓰면, 분명 잘 배울 수 있어.

只要多看多写，就一定能学好。

旅行回来了。

🎧 **W10-1**

1 녹음을 듣고 내용에 맞는 사진을 고르시오.

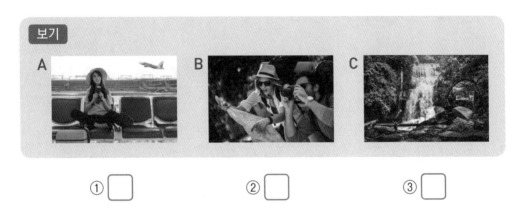

보기

A

B

C

① ☐   ② ☐   ③ ☐

🎧 **W10-2**

2 녹음을 듣고 문장의 내용과 맞으면 √를 틀리면 ✕를 쓰시오.

① 吃中餐的时候，一般是先喝汤。   (   )

② 吃中餐的时候，热菜和水果一起吃。   (   )

3 빈칸에 알맞은 단어를 보기에서 고르시오.

보기   A 快   B 不是   C 以为

① (   )到周末了。

② 你(   )正在喝汤吗?

③ 你(   )吃中餐是先喝汤啊！

4 주어진 문장에 연결되는 문장을 보기에서 고르시오.

> 보기 　A 我都快吃完了。
> 　　　B 好吧，我等你。
> 　　　C 好玩儿极了。

① 安妮，旅行回来了？好玩儿吗？　　　　　　　　　（　　　）

② 我想先洗个澡，再去吃饭。　　　　　　　　　　　（　　　）

③ 王平，你也刚来吧，一块吃吧。　　　　　　　　　（　　　）

5 주어진 단어를 조합해서 문장을 만드시오.

① 晚饭　没　还　吧　吃　？

你＿＿＿＿＿＿＿＿＿＿＿＿＿＿＿＿＿＿＿＿＿＿

② 真的　清楚　中餐　吃　的　习惯　不太　。

我＿＿＿＿＿＿＿＿＿＿＿＿＿＿＿＿＿＿＿＿＿＿

6 빈칸에 알맞은 한자를 쓰세요.

　　　　dei
① 你(　　　)快一点儿，食堂快关门了。

　　　　　　　　　　　　　　cài
② 吃中餐的时候，一般是先吃凉(　　　)。

이 과의 주요 단어를 따라 써 봅시다.

획순	安 安 安 安 安 安　　排 排 排 排 排 排 排 排 排 排	
安排	安	排
ānpái	ānpái	
처리(하다), 배치(하다)		

획순	好 好 好 好 好 好　　玩 玩 玩 玩 玩 玩 玩 玩　　儿 儿	
好玩儿	好	玩	儿
hǎowánr	hǎowánr	
재미있다		

획순	晚 晚 晚 晚 晚 晚 晚 晚 晚 晚 晚　　饭 饭 饭 饭 饭 饭 饭	
晚饭	晚	饭
wǎnfàn	wǎnfàn	
저녁밥		

획순	以 以 以 以　　为 为 为 为	
以为	以	为
yǐwéi	yǐwéi	
생각하다		

MP3 W10-3

이 과의 주요 표현을 따라 써 봅시다.

1 快到周末了，打算怎么过？

이제 곧 주말인데, 뭘 하면서 보낼 계획이니?

快到周末了，打算怎么过？

2 我约了王平，我们俩一起去。

왕핑하고 약속했어, 우리 둘이서 함께 갈 거야.

我约了王平，我们俩一起去。

3 我想先洗个澡，再去吃饭。

나는 먼저 목욕 좀 하고, 그런 다음에 밥을 먹으러 가려고 해.

我想先洗个澡，再去吃饭。

4 你以为吃中餐是先喝汤啊！

너는 중국 음식을 먹을 때 탕을 먼저 마시는 걸로 알고 있었구나!

你以为吃中餐是先喝汤啊！

5 一边喝饮料一边吃凉菜。

음료를 마시면서 냉채를 먹어.

一边喝饮料一边吃凉菜。

穿什么衣服合适?

MP3 W11-1

1 녹음을 듣고 내용에 맞는 사진을 고르시오.

보기

A   B   C

① ☐   ② ☐   ③ ☐

MP3 W11-2

2 녹음을 듣고 문장의 내용과 맞으면 √를 틀리면 ×를 쓰시오.

① 他们在服装店。　　　　　　　　　　　　　　（　　　）

② 男的觉得衣服很大。　　　　　　　　　　　　（　　　）

3 빈칸에 알맞은 단어를 보기에서 고르시오.

보기　A 从　　　　　B 比　　　　　C 要是

① 我刚(　　　)外边回来，真的挺冷的。

② (　　　)你有时间，麻烦你和我一起去，帮我看看。

③ 今天的天气(　　　)昨天冷一点。

4 주어진 문장에 연결되는 문장을 보기에서 고르시오.

> 보기　A 可以。那边有镜子。
>
> 　　　B 不好意思，那是最大的。
>
> 　　　C 少吗? 我觉得不少。

① 杰夫，穿这么少，不冷吗?　　　　　　　　　(　　　)

② 我想看一下那件衣服，可以试试吗?　　　　(　　　)

③ 请问，有没有大号的?　　　　　　　　　　　(　　　)

5 주어진 단어를 조합해서 문장을 만드시오.

① 一件　得　一点　买　的　衣服　厚　你　。

_____

② 冬天　不太　冷　听说　这儿　的　。

_____

6 빈칸에 알맞은 한자를 쓰세요.

①　这件衣服还是不合(shì 　　)。

②　我看外边太(yáng 　　)挺好的。

穿什么衣服合适？

이 과의 주요 단어를 따라 써 봅시다.

획순	穿穿穿穿穿穿穿穿穿
穿 chuān 입다	穿 穿 chuān chuān

획순	外外外外外　　边边边边边
外边 wàibian 바깥, 밖	外 边 wàibian

획순	暖暖暖暖暖暖暖暖暖暖暖暖暖　和和和和和和和和
暖和 nuǎnhuo 따뜻하다	暖 和 nuǎnhuo

획순	麻麻麻麻麻麻麻麻麻麻麻　烦烦烦烦烦烦烦烦烦烦
麻烦 máfan 귀찮게 하다	麻 烦 máfan

MP3 W11-3

이 과의 주요 표현을 따라 써 봅시다.

1 天气预报说比昨天冷一点儿。

일기예보에서 어제보다 좀 더 춥다고 했어.

天气预报说比昨天冷一点儿。

2 听说这儿的冬天不太冷。

듣자 하니 이곳의 겨울은 아주 춥지는 않다던데.

听说这儿的冬天不太冷。

3 样子还可以，颜色不太好看。

모양은 괜찮은데, 색깔이 그다지 예쁘지 않아.

样子还可以，颜色不太好看。

4 不是衣服小，是你的个子太高了。

옷이 작은 게 아니라, 네 키가 너무 큰 거야.

不是衣服小，是你的个子太高了。

5 请问，有没有大号的?

실례합니다만, 큰 사이즈 있나요?

请问，有没有大号的?

你家有什么人？

1 녹음을 듣고 내용에 맞는 사진을 고르시오.

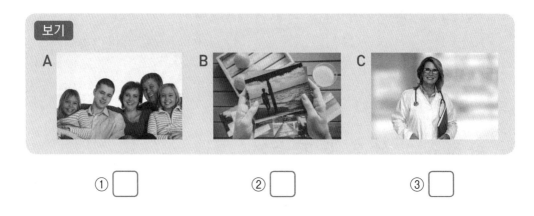

보기

A

B

C

① ☐   ② ☐   ③ ☐

2 녹음을 듣고 문장의 내용과 맞으면 √를 틀리면 ×를 쓰시오.

① 她妹妹在上中学。 (   )

② 她爸爸妈妈都在工作。 (   )

3 빈칸에 알맞은 단어를 보기에서 고르시오.

보기   A 要是   B 的   C 得

① (   )你真的去美国留学，可以到我家玩儿。

② 后边穿红衣服(   )是你，对不对？

③ 这两个女孩儿长(   )差不多。

4 주어진 문장에 연결되는 문장을 보기에서 고르시오.

> 보기　A 那还用说！
>
> 　　　B 我想去美国留学。
>
> 　　　C 我爸爸是律师，妈妈是医生。

① 明年你大学毕业以后，有什么打算?　　　　　　(　　)

② 你爸爸妈妈做什么工作?　　　　　　　　　　　(　　)

③ 他们会欢迎我吗?　　　　　　　　　　　　　　(　　)

5 주어진 단어를 조합해서 문장을 만드시오.

① 热情　最　都　的　人　是　。

　他们 _____

② 得　像　俩　长　太　了　。

　你们 _____

6 빈칸에 알맞은 한자를 쓰세요.

　　　　　　　　mò
① 我哥哥住在大学里，周(　　　)才回家。

　　　　　　piàn
② 这是你的照(　　　)吧?

이 과의 주요 단어를 따라 써 봅시다.

획순	留留留留留留留留留留 学学学学学学学学
留学	留　学
liúxué	liúxué
유학하다	

획순	律律律律律律律律律 师师师师师师
律师	律　师
lǜshī	lǜshī
변호사	

획순	医医医医医医医 生生生生生
医生	医　生
yīshēng	yīshēng
의사, 의원	

획순	错错错错错错错错错错错错错
错	错　错
cuò	cuò　cuò
틀리다, 맞지 않다	

MP3 W12-3

이 과의 주요 표현을 따라 써 봅시다.

1 你爸爸妈妈做什么工作？

너희 부모님께서는 무슨 일을 하시니?

你爸爸妈妈做什么工作？

2 你家还有什么人？

너희 집에는 또 누가 있니?

你家还有什么人？

3 我妹妹在上中学。

내 여동생은 중등학교에 다니고 있어.

我妹妹在上中学。

4 那还用说！他们都是最热情的人。

그야 말할 필요도 없지! 그들 모두 가장 친절한 사람들인 걸.

那还用说！他们都是最热情的人。

5 你们俩长得太像了。

너희 둘은 정말 생긴 것이 닮았어.

你们俩长得太像了。

스크립트

UNIT 01   2쪽

1 ① 男：您填一下快递单。
　　女：好的。

　　② 男：图书馆几点关门？
　　女：图书馆晚上十点才关门呢。

　　③ 男：现在上网买东西很方便，价钱也很便宜。

2 ① 男：我问一下，可以对方付款吗？
　　女：当然可以。

　　② 男：昨天下午我在网上下了订单，今天上午书就送到我宿舍了，真快！

UNIT 02   6쪽

1 ① 女：今天天气怎么样？
　　男：外面下了小雨。

　　② 男：这儿的冬天冷不冷？
　　女：很冷。

　　③ 男：春天和秋天这两个季节天气都不错。

2 ① 男：听说你病了，我来看看你。你怎么病了？
　　女：我不太习惯这儿的天气，所以感冒了。

　　② 男：今天外面不太热，也没有风，只是下小雨。

UNIT 03   10쪽

1 ① 女：什么时候放寒假？
　　男：一月十五号。

　　② 女：寒假有多长时间？
　　男：大概一个月。

　　③ 男：我们班人太多，有十七个学生。

2 ① 男：今天你有几节课？
　　女：上午两节，下午两节，一共四节。

　　② 男：一个学年有两个学期：第一个学期有十九周；第二个学期有十八周。

UNIT 04   14쪽

1 ① 女：请问哪儿卖鞋？
　　男：三楼，右边。

　　② 女：请问，去动物园怎么走？
　　男：往前走，马路左边就是。

　　③ 女：请问牙科在哪儿？
　　男：我也不太清楚，好像在二楼。

2 男：这几天牙很疼。昨天下课以后，我去医院看牙，可是我不知道牙科在哪儿。我问了两个人才找到。

UNIT 05   18쪽

1 ① 女：你们喜欢吃什么菜？
　　男：我喜欢糖醋鱼。

　　② 女：我们很饿，快一点儿好吗？
　　女：好的，马上就来。

　　③ 女：服务员！结账！

2 男：昨天我和安妮、丽莎一起去饭馆吃饭。我们要了四个菜，味道都不错。我觉得那儿的菜又好吃又便宜。

UNIT 06   22쪽

1 ① 女：你最近忙吗？
　　男：非常忙。

　　② 女：你们辅导的时候聊什么？
　　男：爱好、旅行、专业什么的。

　　③ 女：咱们俩互相学习吧。

2 女：你想让我辅导什么？
　　男：我想练习汉语口语。每星期辅导两次，每次一个小时，可以吗？
　　女：没问题。

UNIT 07 26쪽

1 ① 男: 我有点儿不舒服，想回房间休息一下
　　　儿，可以吗?
　　女: 好吧。
　② 女: 你考得怎么样?
　　男: 考得不太好。
　③ 女: 今天天气好极了，我陪你出去散散步，
　　　怎么样?

2 女: 我头疼得厉害，好像发烧了。
　男: 你回去好好儿休息休息，多喝点儿水，要
　　是发烧了，去医院看看大夫。
　女: 谢谢老师。

UNIT 08 30쪽

1 ① 女: 你喜欢看电视吗?
　　男: 非常喜欢。
　② 女: 你的爱好是什么?
　　男: 我特别喜欢打篮球。
　③ 女: 你常常打乒乓球吗?
　　男: 差不多每个周末都打。

2 男: 晚上你一般干什么?
　女: 做作业啦、听录音啦、复习旧课啦、预习
　　新课啦……。
　男: 你真是个好学生。
　女: 你呢?
　男: 我常常看电视。

UNIT 09 34쪽

1 ① 女: 我打了几次，你都没接。
　　男: 是吗? 真对不起，手机没电了，我忘了
　　　充电了。
　② 女: 昨天是星期天，上了什么课?
　　男: 上了书法课。

③ 女: 我有两张今天晚上的电影票，我想请你
　　　一起去。

2 男: 现在我有一个很大的问题。
　女: 什么问题?
　男: 课本上有很多汉字我不认识，更不会写，
　　怎么办?
　女: 我有一个好办法。只要多看多写，就一定
　　能学好。

UNIT 10 38쪽

1 ① 男: 快到周末了，打算怎么过?
　　女: 我想去旅行。
　② 女: 你一个人去吗?
　　男: 我约了丽莎，我们俩一起去。
　③ 女: 我想去旅行。 离这儿不太远，一个有
　　　山有水的好地方。

2 女: 吃中餐的时候，一般是先吃凉菜，一边喝
　　饮料一边吃凉菜，过一会儿再吃热菜和米
　　饭什么的，最后才喝汤，有时候再吃点儿
　　水果。

UNIT 11 42쪽

1 ① 女: 穿什么衣服合适?
　　男: 外边挺冷的，出去得穿大衣。
　② 女: 这件怎么样?
　　男: 样子还可以，颜色不太好看。
　③ 女: 今天外边冷不冷?
　　男: 天气预报说比昨天冷一点儿。

2 女: 先生，你穿的这件怎么样?
　男: 又瘦又短，太小了。
　女: 不是衣服小，是你的个子太高了。先生，
　　请再试一下。
　男: 还是不合适。算了，等我长小了再来买
　　吧。

UNIT 12

46쪽

1 ① 女: 你妈妈做什么工作?

男: 我妈妈是医生。

② 男: 你家有什么人?

女: 爸爸、妈妈, 还有一个哥哥和一个妹妹。

③ 女: 这是你的照片吧? 我可以看看吗?

男: 你看吧。

2 女: 我家有五口人, 我爸爸是律师, 妈妈是医生。哥哥是大学生, 妹妹是中学生。

北京大学

신**한어구어** 下

워크북

이름

m.dongyangbooks.com www.dongyangbooks.com

외국어 출판 40년의 신뢰
외국어 전문 출판 그룹
동양북스가 만드는 책은 다릅니다.

40년의 쉼 없는 노력과 도전으로 책 만들기에 최선을 다해온 동양북스는
오늘도 미래의 가치에 투자하고 있습니다.
대한민국의 내일을 생각하는 도전 정신과 믿음으로 최선을 다하겠습니다.

📖 동양북스

📖 동양북스 추천 교재

중국어 교재의 최강자, 동양북스 추천 교재

중국어뱅크 북경대학 한어구어
1·2·3·4·5·6

중국어뱅크 스마트중국어
STEP 1·2·3·4

중국어뱅크 뉴스타일중국어
STEP 1·2

중국어뱅크
문화중국어 1·2

중국어뱅크
관광 중국어 1·2

중국어뱅크
여행 중국어

중국어뱅크
호텔 중국어

중국어뱅크
판매 중국어

중국어뱅크
항공 서비스 중국어

중국어뱅크
의료관광 중국어

정반합 新HSK
1급·2급·3급·4급·5급·6급

버전업! 新HSK 한 권이면 끝
3급·4급·5급·6급

버전업! 新HSK VOCA 5급·6급

가장 쉬운 독학 중국어 단어장

중국어뱅크
중국어 간체자 1000

新버전업
중국어 한자 암기박사

📖 동양북스 추천 교재

중고급 학습

첫걸음 끝내고 보는
프랑스어
중고급의 모든 것

첫걸음 끝내고 보는
스페인어
중고급의 모든 것

첫걸음 끝내고 보는
독일어
중고급의 모든 것

첫걸음 끝내고 보는
태국어
중고급의 모든 것

단어장

버전업! 가장 쉬운
프랑스어 단어장

버전업! 가장 쉬운
스페인어 단어장

버전업! 가장 쉬운
독일어 단어장

여행 회화

NEW 후다닥
여행 중국어

NEW 후다닥
여행 일본어

NEW 후다닥
여행 영어

NEW 후다닥
여행 독일어

NEW 후다닥
여행 프랑스어

NEW 후다닥
여행 스페인어

NEW 후다닥
여행 베트남어

NEW 후다닥
여행 태국어

수험서 · 교재

한 권으로 끝내는 DELE
어휘·쓰기·관용구편 (B2~C1)

수능 기초 베트남어
한 권이면 끝!

버전업! 스마트 프랑스어